Konzepte der
Humanwissenschaften

Barbara Langmaack

Ungeplanter Ruhestand

Zum konstruktiven Umgang mit
dem frühzeitigen Ausscheiden
aus dem Arbeitsleben

Klett-Cotta

Klett-Cotta
© J. G. Cotta'sche Buchhandlung Nachfolger GmbH, gegr. 1659,
Stuttgart 1997
Alle Rechte vorbehalten
Fotomechanische Wiedergabe nur mit Genehmigung des Verlages
Printed in Germany
Umschlag: Philippa Walz, Böblingen
Gesetzt aus der Century Old Style,
auf säure- und holzfreiem Werkdruckpapier gedruckt
und gebunden von Clausen & Bosse, Leck

Die Deutsche Bibliothek – CIP-Einheitsaufnahme
Langmaack, Barbara:
Ungeplanter Ruhestand: zum konstruktiven Umgang mit dem
frühzeitigen Ausscheiden aus dem Arbeitsleben / Barbara
Langmaack. – Stuttgart: Klett-Cotta, 1997
(Konzepte der Humanwissenschaften)
ISBN 3-608-91870-1

*Ich widme diese Texte
meiner Lehrerin
Renée Nell (1912–1994),
die nie gedachte,
in den Ruhestand
zu gehen.*

Inhalt

Danksagung

An meinen Texten waren neben mir andere beteiligt, ohne die das Buch nicht zustande gekommen wäre.

Daß es ein Arbeitsbuch geworden ist, in welchem Leserinnen und Leser ihren eigenen Weg suchen können, daran sind von der Situation des frühen Ausscheidens Betroffene beteiligt, an die ich wichtige Fragen stellen konnte. Für die Offenheit ihrer Antworten bedanke ich mich aufs herzlichste, ohne diese Menschen hier oder im Text namentlich zu erwähnen. Anhand ihrer individuellen Aussagen war es erst möglich, die Situation in ihren wesentlichen Punkten zu charakterisieren.

Mein Dank gilt auch den inzwischen »Davongeeilten«, die mir ihre nachberuflichen Lösungsmodelle übermittelten und damit einen wesentlichen Beitrag zu dieser Arbeit leisteten.

Daß es ein Buch auch für diejenigen geworden ist, die als professionelle Helfer Frühentlassene auf ihrem Weg begleiten, daran ist Mathilde Fischer maßgeblich beteiligt, die die Texte auch auf diesen Gesichtspunkt hin durchgesehen und geordnet hat. Ihr sei darüber hinaus Dank für die sorgfältige und geduldige Bearbeitung sowie das kritische Hinterfragen der Texte in bezug auf die primäre Zielgruppe, die sich allzu leicht auf die bekannteren »normalen« Ruheständler auszudehnen drohte.

Ein ganz herzlicher Dank geht besonders an Bärbel Langmaack, die die schwierige Arbeit übernommen hatte, aus meinen oftmals spontan aufgeschriebenen und mehrmals veränderten Texten lesbare Manuskripte entstehen zu lassen. Neben dem Schreiben selbst steuerte sie auch wichtige Gedanken und Literaturhinweise bei. Sie machte mich unter anderem auf *Zweite alte Frauen* von Velma Wallis aufmerksam, diese wunderbare Geschichte einer aus vielen Generationen bestehenden Lebensgemeinschaft in der mir fremden Kultur Alaskas. In dieser schlicht und faszinierend geschriebenen Geschichte wurde mir noch einmal deutlich, wie frühes Ausscheiden über die unmittelbar Betroffenen hinaus auch die anderen Generationen betrifft.

Barbara Langmaack, Juli 1997

9

1. Einleitung

1.1. Konzept und Ziel dieser Arbeit

Einhergehend mit der Reorganisation von Firmen und Institutionen durch Lean-Management und ähnliche Maßnahmen scheiden in den letzten Jahren immer mehr Mitarbeiter frühzeitig aus dem Arbeitsleben aus. Es sind Männer und Frauen »in den besten Jahren«, die, häufig ziemlich unvermittelt, in diese ungeplante Situation geraten, ohne Rentner im eigentlichen Sinne zu sein. Die Texte in diesem Buch verfolgen ein breit gefächertes Ziel. Im wesentlichen soll hingeführt werden zu einem konstruktiven Umgang mit diesem neuen Lebensabschnitt, der keineswegs »den Rest vom Leben« darstellt. Man kann davon ausgehen, daß die hier beschriebene Personengruppe über ein hohes Maß an Können, Wissen und Erfahrung verfügt und daß in den meisten Fällen eine finanzielle Grundausstattung vorhanden ist. Beides zusammen läßt die Frage: »Wie will ich jetzt leben, was will ich jetzt tun?« anders im Mittelpunkt der Überlegungen stehen, als es beim Berufsanfang oder beim Eintritt in das normale Rentenalter der Fall ist. Die Antwort muß also nicht zwingend »Arbeit im beruflichen Sinn« heißen.

Die Texte bieten Arbeitshilfen für Menschen, die ihre frühe Pensionierung nicht untätig hinnehmen wollen, sondern sie aus eigener Perspektive als neuen Lebensabschnitt »danach« zu gestalten gedenken. Der Leser soll zu einer Suche nach realen Möglichkeiten für ein Leben nach dem Verlust des Arbeitsplatzes angeregt werden und sich darüber hinaus seiner psychischen Bedürfnisse bewußt werden, um zu einer ganzheitlichen Neugestaltung des Lebens zu finden.

Die allgemeine Situation des Arbeitsmarktes verschärft diese Problematik des vorzeitigen Ausscheidens aus dem Arbeitsleben. Alternativen sind gering bis gar nicht vorhanden.Der Ausgeschiedene ist mehr noch als vor ein paar Jahren auf sich selbst gestellt, und das bei einem zwar meist sicheren, aber schmaleren Budget für die Lebenshaltung. Auf die finanziellen Folgen des frühzeitigen Abbruches des Berufslebens kann hier aber nur am Rande eingegangen werden. Probleme in diesem Zusammenhang sind zwar nicht zu übersehen oder wegzudiskutieren, sollten aber von anderen Fachleuten gelöst werden. Es ist schwer zu beurteilen, ob die finanzielle Einengung oder die psychischen Folgen für die in ihren Grundfesten erschütterte Identität gravierender sind.

Hier geht es in erster Linie darum, Wege aufzuzeigen, um die individuelle Betroffenheit des vorzeitigen Ausscheidens aus dem Arbeitsleben zu verarbeiten und ein Konzept zu entwickeln, das Gelderwerb und Tätigsein voneinander abkoppelt. Die gegenseitige Bedingung von Arbeit und Entlohnung muß auch für den ungeplanten Ruhestand noch stimmen, nicht aber in der Relation der vorangegangenen Berufstätigkeit. Entlohnung muß nicht mehr zwingend nur Geld bedeuten.

Zum Aufbau dieses Buches ist folgendes zu sagen: Im ersten Teil wird auf der Grundlage einer sozialwissenschaftlichen Studie von Marie Jahoda[1] auf die vielfältigen Erlebnisfelder des Berufslebens hingewiesen. Das Verständnis für diese komplexen Wechselwirkungen von Arbeits- und Lebensfeld soll helfen, Konzepte für die Zukunft zu entwickeln, die möglichst viele dieser Erlebnisfelder neu abdecken.

In einem weiteren Teil wird der Leser zu einer Erinnerungsreise durch die eigene Biographie angeregt, die ihm helfen soll, das eigene Leben als eine zusammenhängende Kette von Ereignissen zu sehen, an die jetzt ein neues Kapitel angeknüpft wird.

Ein praxisnahes Angebot von Fragen soll die Selbstentwicklung fördern. Der Grundgedanke hierbei ist, daß das frühzeitige Ausscheiden alle Chancen bietet, in der eigenen Entwicklung noch einmal Schwung zu holen und mit dem Wissen, den Erfahrungen und dem langen Atem zu wuchern, der jetzt zur Verfügung steht.

Der Mensch ist ja nicht, wie andere Lebewesen, instinktiv vorprogrammiert. Er kann sich sein eigenes Konzept für sein Tätigsein erarbeiten, und er hat auch in schlechten Zeiten alternative Handlungsmöglichkeiten, wenn er seine Freiheit in den gegebenen Grenzen wirklich nutzt. So hat auch der Entlassene, wenn er seine Kräfte wieder sammelt, Hände und Kopf frei für vielerlei Dinge. Gegen die wachsende Weltarbeitlosigkeit gibt es bisher keine wirksamen Rezepte. Das heißt aber noch lange nicht Resignation für die ungeplante und zu frühe Freistellung.

Ein weiterer Teil des Buches soll zu einem perspektivischen Ausblick anregen und bietet hierzu Fragestellungen an, die bei aller Allgemeingültigkeit individuellen Charakter haben. Ich wäre zufrieden, wenn die Lesenden schon während des Lesens zu ihren eigenen Regisseuren würden und bereits kleine, neue Inszenierungen für die neue Lebensphase umsetzen würden. Das geht nicht im Schnellverfahren. Das geht nur nach und nach. Abschied, Neubeginn und Entwicklung haben noch nie in Eile funktioniert. Für diejenigen, die gern große Sprünge machen und Resultate lieber heute als morgen sehen, muß sich dies wie eine Zumutung anhören. Für die anderen bietet diese Perspektive jedoch die Zuversicht des langen Atems und das Zutrauen in das eigene Wachstum.

In allen Teilen des Buches kommen Betroffene zu Wort. Nach dem Ereignis der Entlassung erzählen sie von ersten Reaktionen danach und von ersten Suchbewegungen in eine neue Richtung der Betätigung. Im weiteren Teil des Buches begegnen wir ein weiteres Mal Betroffenen. Sie gewähren uns Einsicht in ihre neue Wirklichkeit. Das tun sie nicht so sehr als Ratgebende, sondern um Hoffnung zu vermitteln und um Ideen für den eigenen Weg anzuregen.

Meine Motive für die Beschäftigung mit diesem Thema gehen auf unterschiedliche und doch miteinander vernetzte Situationen zurück. Ich bin Ehe- und Lebensberaterin und treffe in der Praxis meiner Tätigkeit auf genau diese Situationen und ihre Problematik, mit denen einzelne oder Paare konfrontiert sind. Ich begleite Projektgruppen und Führungsteams, die Umorganisationen in Firmen vorbereiten und durchsetzen. Hier erlebe ich beide Seiten der Medaille: die Probleme der Verbliebenen und die der Ausscheidenden gleichermaßen. Am Rande dieser Tätigkeit in Unternehmen treffe ich dann unmittelbar mit denen zusammen, die – meist unvorbereitet – dieses Niemandsland zwischen Beruf und Alter betreten. Sie kommen allein oder mit dem Partner, um ihre Situation zu klären.

Nicht zuletzt ist es mir ein wichtiges Anliegen, mit diesen Texten den Leser in der selbständigen Neugestaltung dieser Lebensphase zu unterstützen.

1.2. Was mich auf die Spur geführt hat

Angefangen hat alles in einem Gespräch mit einer Frau, die, erst Mitte Fünfzig, einen »Wink« bekommen hatte. So drückte sie die Aufforderung ihrer Vorgesetzten aus, doch einmal über einen vorgezogenen Ruhestand nachzudenken. Es gab aktuell noch keinen Zwang, sie war eine bewährte, langjährige Mitarbeiterin in leitender Funktion, irgendwie aber arbeitete es in ihr, so daß sie um Beratung bat. Zunächst wollte sie nur schauen, wie man eine Nachfolgerin finden könnte. Aber dann stellte sich schnell heraus, daß es neben diesem pragmatischen Vorgehen ja viel mehr um ihr eigenes Ausscheiden aus dem Arbeitsleben ging, um all die Schmerzen und Freuden und Fragen, die damit zusammenhingen, um sie selbst als Person. Lange nicht mehr hatte sie eine so wichtige persönliche Entscheidung getroffen, lange nicht mehr so einen wichtigen Schritt getan.

Durch sie war ich neugierig geworden auf diesen magischen Punkt, neugierig darauf, wie man so eine Schwelle wohl überschreitet, ob es überhaupt eine Schwelle ist, woraus sie besteht, welche Herausforderung sie darstellt und was mich dahinter erwarten würde. Meine Neugierde richtete sich auch auf konkrete Erfahrungen in dieser Situation des vorgezogenen Ruhestandes, auf die Schere zwischen Phantasie und Wirklichkeit, was die Zeit danach angeht, auf Ängste, auf Reaktionen der Umwelt, die ich hier und da bei Menschen, nur wenig älter als ich selbst, sah, oder mit denen ich beruflich konfrontiert wurde.

So bin ich während meiner Arbeit in Firmen wie auch in der Beratungspraxis zwei Gruppen von »Ruheständlern« begegnet: Die 60- bis 65jährigen, die ganz »normal« in den Ruhestand entlassen werden und die es schon immer gab, für die es unabhängig von Gesundheitszustand, Lust, Können oder Wollen eben »Schluß und einpacken« heißt, wie der Einstellungsvertrag es vorsieht. Egal, ob man eigentlich noch so richtig auspakken wollte, ein Datum ist gesetzt, ein Endpunkt angepeilt, man weiß es lange vorher. Es trifft einen nicht unvorbereitet, und es trifft einen doch!

Daneben nimmt die zweite Gruppe, die vorzeitig Entlassenen, in rasch wachsender Zahl zu. Anders als die oben beschriebene Gruppe erfahren diese Männer und Frauen häufig sehr kurzfristig, daß von anstehenden Reorganisationen auch sie selbst betroffen sind. Ähnlich einer plötzlichen, lebensbedrohenden Krankheit, einem Unfall, ist in den letzten zehn bis fünfzehn Jahren der ungeplante Ruhestand über Tausende von Menschen in Unternehmen hereingebrochen.

Wenn man sich selbst in dieser Situation betrachtet, oder auch die Situation anderer, so scheint man in seltsamen Zwängen zu stecken. Das Mißlingen dominiert das Gelingen. Der sonst so hoffnungsvolle rote Faden scheint in einem dunklen Seil versteckt zu sein. Man fühlt sich mit seinem Schicksal als jemand ohne Arbeitsplatz plötzlich ganz allein. Dabei handelte es sich 1995 allein in Deutschland um 300000 Männer und Frauen, die noch nicht 60 Jahre alt waren, als sie in den vorgezogenen Ruhestand geschickt wurden, viele davon waren schon jahrelang arbeitslos, so eine Notiz im *Hamburger Abendblatt* vom 2.1.1996. Weitere 150000 der 50- bis 60jährigen stehen unmittelbar vor ihrer Entlassung.

14

In die Argumentation der Politiker, Gewerkschaften und Wirtschafts-bosse bezüglich der Gründe dieser Entwicklung wollen wir hier nicht ein-treten. Ob die Entlassung vor dem regulären Rentenalter dazu dient, die Belegschaft zu verjüngen, um Arbeitsplätze für Ersteinsteiger zu schaf-fen oder die Firma zu konsolidieren, kann nicht Gegenstand dieses Bu-ches sein. Nur in einem Exkurs über die wirtschaftspolitische Lage (Kap 2.2) wollen wir versuchen, die hier aufgezeigte Problematik als einen Teil der Gesamtsituation zu verstehen. Hier geht es um die Betrof-fenen selbst, um jeden einzelnen, der sich die Frage stellt:»Warum denn gerade ich? Herrscht hier der reine Zufall? Ist es mein persönliches Ge-schick?« Von alledem mag das eine oder andere zutreffen, insgesamt sind es aber inzwischen Hundertausende, die in diese Situation gelangen – und das ist nicht mehr Einzelschicksal, ja es geht sogar diejenigen etwas an, die es (noch) nicht betroffen hat. Aber ob es als Trost, Verhängnis oder Versagen oder als Möglichkeit für einen Neubeginn angesehen wird, bleibt eine persönliche Herausforderung.

Oft hörte ich den Satz:»Erwarte nur nichts, auch der vorgezogene Ruhestand ist nichts anderes als der Rest vom Leben.« Aber zu viele Lebensgeschichten von Menschen zwischen fünfzig und sechzig, eben von jungen Alten, bezeugen, daß dieser Satz nicht stimmen kann, daß die Sinnhaftigkeit des Lebens nicht mit dem Verlassen des Berufs aufhört, auch nicht daß man ab jetzt alt ist. Diese Überzeugung und die oben er-wähnte Neugierde auf den Raum hinter der Schwelle des Freigestellt-seins haben mich auf die Suche geführt. Die Resultate meiner Suche sind in diesem Buch festgehalten.

Einige der erwähnten Menschen werden hier zu Wort kommen, nicht nur berühmte, von denen man schon staunend gehört hat, was sie im späten Alter noch alles begonnen und aufgebaut haben, nein, einfach Menschen wie Sie und ich.

Mein Interesse geweckt haben außerdem neuere Aussagen von Orga-nisationsentwicklern über den Verfall der gesellschaftlichen Werte. Sie weisen darauf hin, daß wir vom Ideal der lebenslangen Berufstätigkeit für Jedermann ganz generell Abschied nehmen müssen: Es wird ein sehr schmerzlicher und schwieriger Abschied für uns werden, weil wir jahr-hundertelang daraufhin erzogen worden sind, daß es in unserem Leben vor allem ein strukturbildendes Element gibt – und das ist die Arbeit, die man zu leisten hat.

Wenn es aber so ist, daß klassische Formen der Arbeit durch Auto-matisierung ersetzt werden oder gänzlich entfallen, dann müssen neue

Tätigkeitsfelder erschlossen werden, die Erlebnisbereiche für den Menschen eröffnen und die Bedürfnisbefriedigung weit über Geld hinaus in Aussicht stellen. Arbeit bedeutet im landläufigen Sinn Erwerbstätigkeit. Darüber hinaus bietet uns die Arbeit aber Raum für Kommunikation, für geistige, seelische und körperliche Entfaltung, für das Erfahren von Erfolg wie Mißerfolg, von Konkurrenz und Konflikt. Die zentrale Frage lautet also: Wie beschafft man sich nach dem Verlassen des Arbeitsplatzes sinnvolle Tätigkeitsfelder, in denen die oben aufgeführten Funktionen von Arbeit neu umgesetzt werden können?

In dem Maß, wie jeder nach der vorzeitigen Entlassung seine Möglichkeiten entdeckt und ausschöpft, wird er auch wieder aktiv am Zusammenleben mit anderen teilhaben, wird Erfolg und Mißerfolg verzeichnen, wird sich selbst wieder zuordnen können. Das Wichtigste, was der Mensch in der pluralistischen Gesellschaft braucht, ist »bezogene Individuation«, ein Begriff von Helm Stierlin. Er meint damit, sich abgrenzen zu können, eigene Ziele und Werte zu verfolgen und dabei doch auf andere bezogen zu sein, sich auf sie einzustimmen und gemeinsam zu handeln. Dieses autonome Handeln unter Einbezug der Bedürfnisse anderer gerät leicht aus der Balance, wenn man nicht mehr den Arbeitsplatz als Aktionsfeld hat.

Erwähnenswert ist noch die sichtbare Verschiebung der Generationenabgrenzung und die nicht mehr eindeutige Zuordnung von altersadäquaten Tätigkeiten. Ich kenne wenige 65jährige, die alt wirken und ohne Lebenserwartung sind. Ich sehe zunehmend Menschen aus einem erfüllten Arbeitsleben in einen sogenannten Ruhestand wechseln, ohne daß sie schon Ruhe suchten oder gar am Leben nicht mehr aktiv, also auch mitbestimmend, teilnehmen wollen. Aber selbst von diesem Personenkreis sind vorzeitig Entlassene altersmäßig noch weit entfernt.

Ruhestand, das heißt auch für die größere Zahl der regulären Pensionäre auf keinen Fall Nichtstun und Unbeweglichkeit. Es gleicht eher einem Unruhezustand. Aber wie muß es gestaltet werden, erst recht bei denen, die das reguläre Ruhestandsalter noch lange nicht erreicht haben, damit die Ruhe in Bewegung kommt und man den Stand im dreifachen Sinne neu gewinnt: in der eigenen Wertschätzung, in der Zugehörigkeit und im Tun? Auf diesen Weg soll der Leser und die Leserin in die folgenden Überlegungen mitgenommen werden. Viele Einzelspuren haben die vorzeitige Entlassung mit ihrer Problematik sichtbar werden lassen. Viele individuelle Wege werden die Neugestaltung nach diesem gravierenden Ereignis kennzeichnen.

16

2. Das Niemandsland zwischen Beruf und Alter

In den folgenden Abschnitten soll die aktuelle Situation des frühen Ausscheidens genauer betrachtet werden. Entlassene schildern ihre Situation und weisen damit auf die Lücke hin, in die sie das Ereignis versetzt hat. Darüber hinaus wird ein Zusammenhang zu der aktuellen Lage am Arbeitsmarkt hergestellt. Damit ist der persönlichen Betroffenheit ein allgemeingültiger Rahmen gegeben. Außerdem sollen hier auch Nichtbetroffene einbezogen werden, ehe in den folgenden Kapiteln über ein tieferes Verständnis von Arbeit und Arbeitsverlust hinaus nach Wegen für die Zukunft Ausschau gehalten wird.

2.1. Die namenlose Generation

Wenn meine Beobachtungen mich nicht täuschen, wenn meine Gespräche mit Betroffenen und Mitbetroffenen ein einigermaßen repräsentativer Ausschnitt sein dürfen, dann scheint es, als sei eine neue Generation im Entstehen: Sie folgt auf Kindheits-, Jugend- und Erwachsenenalter, ohne mit der Generation der Alten identisch zu sein. Eine im Moment noch namenlose Generation. Politik, Wirtschaft, Sozialwissenschaften und die Menschen selbst tun sich noch schwer damit.

In der mitteleuropäischen Gesellschaft herrschte seit Beginn der Industrialisierung die Überzeugung, daß der normale erwachsene Mensch seine Lebenserfüllung in der Ausübung eines bezahlten Berufes findet. Es gibt ein Vorher, in dem man im Rahmen einer Ausbildung auf diesen zusteuert, und es gibt ein Nachher, in dem man von den Ereignissen dieses Berufes erzählt und von den Erfolgen zehrt.

Dem ist nicht immer so! Das Nachher kann zu früh eintreten. Man kann noch nicht vom Erfolg nur zehren! Wir müssen heute Formen eines ausgewogenen Lebens finden, in denen Sinn nicht nur durch Berufsarbeit gefunden wird. Dies gilt zwar nicht nur für Frühpensionierte, aber auch für sie darf die mit einer Tätigkeit verbundene Anerkennung nicht mehr allein an einen Arbeitsplatz gebunden sein. Wir müssen die Bilder vom sinnvollen Leben revidieren. Die Koppelung von Erwerbsarbeit und Lebenssinn zeichnet sich bereits seit dem Anfang der Industrialisierung ab, und es muß dringend überprüft werden, ob und unter welchen Bedingungen sie noch stimmt. In der reformatorischen Leistungsethik ist uns nachhaltig gelehrt worden, daß der Mensch seinen Wert durch Tätigsein und sichtbaren Erfolg erhält. Anerkennung ist eines der wichtigen Mittel zum Leben, aber die Anerkennung von Leistung können wir nicht mehr ausschließlich von einem lebenslangen gesicherten Arbeitsplatz ableiten. Die Originalität der Beschäftigung und ihr Sinn muß dem finanziellen Ertrag gegenüber dringend eine Aufwertung erfahren.

Es gibt noch keine akzeptable Bezeichnung für diese Gruppe der aus dem Arbeitsleben ausgeschiedenen, aber in die Riege der Alten noch nicht eingetretenen Menschen. Ich kenne keinen Begriff, der aussagekräftig, einladend und deutlich ist, der eine positive Identifizierung zuläßt und der in seiner Akzeptanz nicht ständig neu in Frage gestellt wird. Noch fehlt es auch an Ritualen, religiösen oder nichtreligiösen, die den Schritt über die Schwelle markieren und diesen Schnitt erträglicher machen.

Ich denke dabei an Rituale analog zum Schulende und Abschluß der Kindheit, an Freisprechungen im Handwerksgewerbe. Selbst der Verstorbene bekommt seinen Abschied in Aussegnungs- und Beerdigungsformen, die wesentlich dazu beitragen, das Erlebnis zu verarbeiten. Welches Ritual könnte in den Frühruhestand führen? Ein Blumenstrauß am letzten Tag ist zu wenig. Er markiert allenfalls einen Dank und ein Ende, aber keinen Anfang. So bleibt der vorgezogene Ruhestand ein weißer Fleck auf der Landkarte des Lebens, es sei denn, man gibt ihm selbst eine Struktur und malt sie aus. Wie jede frei gewordene Kraft individuellen Gesetzen gehorcht, so ist es auch mit der freigesetzten Energie des vorzeitigen Ausscheidens aus dem Beruf, aber niemand hat sie bis jetzt vermessen, hochgerechnet und gebündelt, diese unbekannte Größe, die ihren Weg erst finden muß.

Auch US-Wissenschaftler haben festgestellt und beschrieben, wie sich zwischen Entlassung aus dem eigentlichen Berufsleben und Alter ein neuer Abschnitt schiebt, den sie als »Limbo« bezeichnen, was sich wohl am klarsten mit »Vorhölle« übersetzen läßt. Eine Übergangszeit, so heißt es da, in der die Betroffenen nicht mehr wissen, wohin sie gehören. Geistig-seelisch befinden sich die Menschen in einem Durchgangsstadium, in dem die Orientierung schwerfällt und die Identität gleichsam in der Luft hängt. Der Begriff Ruhestand ist nach wie vor deckungsgleich mit dem Alter. Der Begriff Ruhestand als solcher und die kulturelle Tra-

18

dition sind der neuen Wirklichkeit noch nicht angepaßt. Die Betroffenen, so ergaben die Forschungen, bereiten sich auf den neuen Lebensabschnitt nicht vor und werden davon überrascht. Sie fallen plötzlich zwischen zwei Stühle, erleben Frustrationen.»Unter diesen Menschen sind viele, die Fertigkeiten besitzen, gebildet und bei bester Gesundheit sind, auch finanziell gut dastehen. Doch wir haben uns auf ihre Bedürfnisse bisher nicht eingestellt.« Ruhestand werde automatisch mit Muße gleichgesetzt.»Die meisten Menschen würden gerne weniger arbeiten, aber sie wollen auf keinen Fall Rentner werden.«

Der neuen Generation ein Gesicht zu geben, einen Namen, eine Identifikation, ein Image, einen Stand in der Gesellschaft, sie auf ein Ziel hinzuweisen, dazu könnten diese Texte in vielfacher Hinsicht beitragen.

2.2. Zur veränderten Altersstruktur und deren aktueller Auswirkung auf dem Arbeitsmarkt

> Ich bin zu alt
> um nur zu spielen
> zu jung um ohne
> Wunsch zu sein
>
> Johann Wolfgang von Goethe [2]

In den letzten hundert Jahren hat sich die durchschnittliche Lebenserwartung verdoppelt: von einer Erwartung von 35 bis 40 Jahren ist sie bei Männern auf 68, bei Frauen gar auf 74 Jahre gestiegen.

Während um die Jahrhundertwende herum nur 7 Prozent der Bevölkerung älter als 60 Jahre wurden, waren es 1975 schon 20 Prozent und heute, zwanzig Jahre später, können wir getrost ein paar Prozente dazurechnen. Die Graphik der Alterspyramide macht diese Verschiebung deutlich. Es hat hier wenig Sinn, statistische Erhebungen anzuführen, es sei denn, um den von früher Entlassung Betroffenen im Überblick zu zeigen, wie sie Teil einer Gesamtentwicklung sind, die sich aus vielen Bausteinen zusammensetzt. Doch die Vollbeschäftigung in Form des Normalarbeitsverhältnisses – also einer Beschäftigung von etwa vierzig Wochenstunden an fünf Tagen über 40 bis 45 Jahre hinweg – gehört immer mehr zur Mythologie der Arbeitsgesellschaft. Im nächsten Jahrtau-

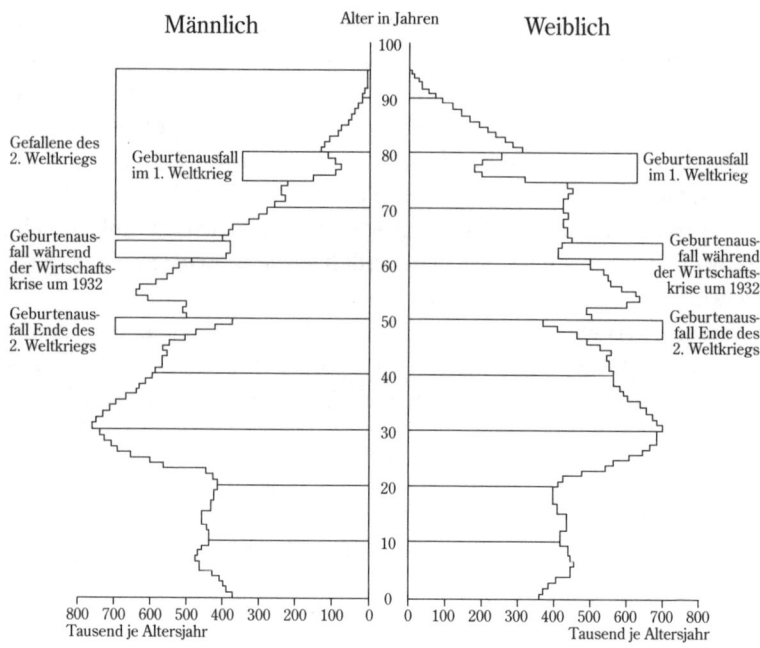

Abb. 1: Altersaufbau der Bevölkerung Deutschlands am 31. 12. 1994

send wird also fast die Hälfte der Bevölkerung über fünfzig Jahre alt sein. Diese Verschiebungen der Altersstruktur sind zum Teil das Ergebnis medizinischer Forschung. Moderne Techniken in der Behandlung von Erkrankungen lassen den Menschen länger gesund bleiben, auch der allgemein höhere Lebensstandard leistet seinen Beitrag zur längeren Lebenserwartung.

Ebenso haben Hunger, Pest und andere Seuchen in unseren Breitengraden schon lange niemanden mehr sterben lassen. Die meisten Kriege haben sich in den letzten fünfzig Jahren vorwiegend außerhalb Europas abgespielt. Vor allem aber sorgt ein Abnehmen der Kinderzahl pro Familie (unter zwei) dafür, daß sich die Alterspyramide verändert.

Der Sozialhistoriker Arthur E. Imhoff weist uns darauf hin, daß weder Staat noch Gesellschaft auf die zunehmende Langlebigkeit der Menschen vorbereitet sind. So schiebt sich der frühe Ruhestand als eine lange Lebensperiode zwischen Jugend und Alter. Wir haben oben schon von einer quasi neuen Generation gesprochen. Gerade im Hinblick auf den vorzeitigen Ruhestand sind nicht nur die Betroffenen selbst, sondern auch die Gesellschaft und die Politik vor die Frage der Integration dieser neuen Generation gestellt und vor deren Abgrenzung nach oben und unten.

Wenn unsere Marktwirtschaft sich allerdings weiterhin als sozial verstehen will, so müßten auch alle vorzeitig Entlassenen als ein Aufgabenfeld gesehen werden, wenn auch mehr in sozialer als in finanzieller Hinsicht. Die Vorverlegung des Pensionsalters wird längere Zeit ein wichtiger Faktor in der Regelung der Arbeitsverteilung bleiben.

Dieser Trend zu einem zunehmend früheren Ruhestand ist in allen modernen Volkswirtschaften westlicher Prägung, unabhängig von der jeweiligen Sozial- und Arbeitsmarktpolitik zu beobachten. Über die Tatsache der älter werdenden Bevölkerung hinaus sind wir momentan aber nicht mehr in gleicher Weise wie noch vor einer Generation mit materieller Altersarmut konfrontiert, die die Bedürfnisse von Menschen auf die lebenserhaltenden Dinge wie Essen und Wohnen beschränkt. Die augenblickliche soziale Absicherung verhindert im Regelfall einen derartigen ökonomischen Abstieg, aber diese noch nicht lange bewältigte Armut im Alter wird uns vielleicht bald schon wieder einholen: durch zunehmende Nichtvermittelbarkeit von Menschen, durch späten Einstieg in Arbeitsverhältnisse, dadurch späten Beginn der Altersabsicherung, durch einen hohen Bevölkerungsanteil, der keine Chance zur Vorsorge hatte oder diese auch nicht für notwendig erachtete, durch extrem hohe finanzielle Belastung der Arbeitenden. Das und anderes mehr wird sich auf den Lebensstandard zukünftiger Generationen auswirken und eventuell die Schere zwischen arm und reich deutlich vergrößern.

Um 1930 bedeutete keine Arbeit zu haben an erster Stelle Sorge um das materielle Überleben. Hunger, in jedem Fall aber stark eingegrenzte elementare Lebensmöglichkeiten, waren die Folge. Wenn aber alle Energie aufgewendet werden muß, um die Miete zu bezahlen, zu heizen und die Familie zu kleiden, erübrigt sich auch die Sinnfrage zunächst abseits dieser Bereiche des Lebens.

Es ist eindeutig der Erfolg der Arbeiterbewegung, daß ohne Arbeit zu sein heute nicht mehr Hunger und materielles Elend bedeutet. Aber in gewisser Weise kehren wir doch in die frühen 30er Jahre zurück, nämlich insofern, als eine relativ hohe Bevölkerungsquote keinen Arbeitsplatz hat, ein Zustand, den wir nie mehr für »normal« halten wollten.

Bis in die 80er Jahre war es undenkbar, daß die Gesellschaft in unseren Breitengraden eines Tages erneut mit der Frage der Verteilung von Einkommen aus Arbeit konfrontiert würde. Schon 1981 schrieb Willy Brandt:»Eine Wirtschaft ist sicher mit einem Konstruktionsfehler behaftet, wenn sie dazu führt, daß die einen bis zum Überdruß arbeiten müssen (oder wollen, d. V.), andere jedoch, die auch arbeiten wollen, keine Arbeit finden.«[3] Noch 1981 ging man davon aus, daß die einzige sozialpolitisch vernünftige Lösung nur lauten konnte: Alle arbeiten weniger. Damit wollte man die (noch) vorhandene Arbeit auf mehr Köpfe und Hände verteilen. Das hat bei weitem nicht den gewünschten Erfolg gebracht. Es ist ja nicht so, daß uns die Arbeit als solche ausginge. Im Prinzip gibt es gesamtwirtschaftlich gesehen genug Arbeit, um alle, die arbeiten wollen, angemessen zu beschäftigen und so zu bezahlen, daß ein befriedigendes Einkommen erreicht werden kann.

Es mangelt dagegen an Kreativität und an Beweglichkeit, um Arbeit in sinnvolle, bezahlte Arbeitsplätze umzusetzen, es mangelt daran, Arbeit von Steuern zu entlasten, Arbeit in Deutschland konkurrenzfähig zu halten. Arbeit gibt es überall. Allein der Umweltbereich und der Bereich der Altenpflege, die Stadt- und Landschaftsgestaltung, die Erhaltung von Versorgungsnetzen – um nur einige Möglichkeiten aus der Bandbreite zu nennen – könnten Arbeitskräfte beschäftigen. Ganz neue Berufsbilder könnten entstehen. Dringend notwendig wären finanzielle Anreize für Jobsharing, für Sabbatjahre, für eine differenzierte Lebensarbeitsgestaltung als Alternative zum einseitigen Modell der Arbeitszeitverkürzung. Das organisatorische Fundament der Arbeitsgesellschaft ist bislang die Vollzeitstelle. Es geht auch im innerbetrieblichen Umgang mit Überkapazität nicht mehr um das Zählen der Köpfe, sondern um die Optimierung der gesamten Zeitstruktur eines Unternehmens. In der momentanen Situation wird das eigentliche Problem nicht gelöst: Wie bekommen diejenigen, die arbeiten möchten, ihren Anteil am Arbeitsvolumen? Anstatt wirklich Arbeit umzuverteilen, wird vielerorts Einkommen umverteilt: von den Arbeitenden hin zu den Arbeitslosen, von den Versicherungs- und Steuerzahlern hin zu denen, die eine viel zu früh gezahlte Rente erhalten. Aber die soziale und finanzielle Absicherung ist noch kein Ersatz für die Möglichkeit, über Arbeit am gesellschaftlichen Leben teilzunehmen. Unfreiwillig und vorzeitig aus dem Arbeitsprozeß auszuscheiden steht einem zentralen und bisher hochgehaltenen Grundrecht entgegen, dem Recht, so lange und so viel und so intensiv arbeiten zu können, wie es der einzelne will. Vorzeitiges Ausscheiden aus dem Arbeitsleben ist durchaus einer von vielen Versuchen zur Lösung von Arbeitsmarktproblemen, aber nur dann, wenn das Freiwilligkeitsprinzip halbwegs ge-

22

wahrt bleibt – anders als bei den Jüngeren, denen nur die Wahl zwischen Arbeit und Arbeitslosigkeit offen bleibt. So werden wir es bis zu einer besseren Lösung zunehmend mit dem problematischen Teil des zu frühen Abbruchs der Berufstätigkeit zu tun haben, ohne damit die Schwierigkeiten für Neueinsteiger in den Griff zu bekommen. Die großen Themen der Wirtschaft und der Gesellschaft werden über viele Jahre hin lauten:

• Finanzierbarkeit von Arbeit
• Konkurrenzfähigkeit
• Energieverbrauch
• globale und damit multikulturelle Vernetzung
• soziale Absicherung

Gerade deshalb ist die obige Forderung hochaktuell, wenn wir sie abwandeln in:»Die Ermöglichung von sinngebender Tätigkeit, bezahlte und unbezahlte, ist ein moralisches Gebot schlechthin, deren Einhaltung beachtet werden muß.«

Sinnfragen hängen eng mit Zukunftsbildern zusammen und werden in allen Altersstufen in irgendeiner Form gestellt. Hat man aber die Lebensmitte bereits überschritten und steht ohne Aufgabe da, stellt sich diese Frage nach Sinn und Zukunft in doppelter Hinsicht.

Es gibt zwar gängige Vorstellungen über Altersverhalten und Altersrollen, aber eben für die Alten, nicht für die»Noch-nicht-Alten«. In der Gegenwartsgesellschaft sind die Rollenzuschreibungen nicht mehr oder noch nicht sehr eindeutig.

Den wirklich Alten werden von der Gesellschaft oder von der Wirtschaft inzwischen zwei Funktionen zugeschrieben: Zum einen haben sie, wie gesagt, die Rolle, keine Rolle mehr zu spielen, zum anderen sind diese»Älteren«schon lange als Zielgruppe für Konsumgüter und Dienstleistungen entdeckt und sorgen so vielerorts für eine gute Bilanz.

Dabei handelt es sich um einen historischen Prozeß, der als Institutionalisierung des Lebenslaufs bezeichnet werden kann. Schon seit den 70er Jahren hat sich die Erwerbsbeteiligung der älteren Jahrgänge erheblich verringert. Bei den 60- bis 64jährigen ist die Erwerbsquote seit dieser Zeit von 73% auf 32% bis Ende der 80er Jahre zurückgegangen, schreiben Kohli und Wolf.[4]

In der Altersgruppe der 55jährigen ist der Rückgang der Erwerbsquote nicht ganz so gravierend. Es wird binnen kurzem nicht mehr möglich sein, 65 als das normale Pensionsalter anzusehen. Auch in Frankreich, in den Niederlanden und in England ist dieser Trend in noch gravierenderem Ausmaß zu beobachten. Diesen Trend zum frühen Ruhestand, der bis heute ungebrochen ist, kann man als Anpassung an einen wirtschaftlichen Rationalisierungsprozeß interpretieren, auch wenn er konjunkturzyklisch beeinflußt wird. Die gesellschaftliche Problematik dieser Entwicklung läßt sich nicht wegdiskutieren, das vorzeitige Ausscheiden aus dem Arbeitsleben wird mehr und mehr Verbreitung finden.

Die traditionelle Dreiteilung des Lebenslaufs scheint sich in eine traditionelle Vierteilung zu wandeln, in der der vorgezogene Ruhestand seinen Platz bekommt und damit der wirkliche Ruhestand einen anderen Ausgangspunkt hat. Diese Entwicklung muß mehr und mehr ins öffentliche Bewußtsein gerückt werden und zu politischen Konsequenzen führen.

2.3. Entlassene schildern ihre Situation

Berichte über das vorzeitige Ausscheiden aus dem Beruf sind noch schwer zugänglich. Ich wählte daher den Weg einer gezielten Befragung der Betroffenen und ihrer Angehörigen. Manche hatten den Schritt gerade hinter sich, andere waren gerade dabei, ihren Platz zu räumen. Beide Gruppen standen in dieser Pufferzone der Orientierungslosigkeit. Wieder andere hatten sich kurz zuvor entschlossen, die Entscheidung des Ausstiegs selbst zu treffen, weil eine uneindeutige Aussage von seiten der Firma sie verunsichert hatte. Ich habe mit vielen Männern und Frauen gesprochen, die in dieser Situation steckten. Ich habe ihnen Fragen gestellt, ich habe ihnen im Alltag bei dem, was sie taten, zugeschaut und habe in Gesprächen herausgefunden, was sie nicht tun wollten, vor was sie sich drückten oder fürchteten. Hier habe ich Bruchstellen zu sehen bekommen, über die bislang selten gesprochen wurde. Die nicht so leicht zugängliche Problematik, die psychischen und sozialen Folgen der Frühentlassung, braucht eine gewisse Zeit, ehe sie sich in Worte fassen läßt.

Ich bin mitgenommen worden zu ersten Gestaltungsversuchen jenseits des Berufes und habe an deren Gelingen und Scheitern teilnehmen können. Da wurde immer wieder nach dem »Warum« und »Warum ich?« gefragt. Eine Kette von Schuldzuweisungen sollte Klarheit in die Wirrnis von Gedanken und Gefühlen bringen. Die drängende Frage »Wo kommt das her?« ließ die Frage, die allein aus dieser »Vorhölle« heraushelfen kann, »Wo führt das hin?« erst spät aufkommen.

Zum Verständnis der »neuen« Generation beginnen wir mit konkreten Erfahrungen des letzten Tages in der Firma sowie der ersten Zeit unmittelbar nach der Entlassung.

Da ist zum Beispiel der Fall des Abteilungsleiters eines großen Wirtschaftsunternehmens, Herrn B., der 56jährig an besagter Schwelle steht. Die Geschichte seines Unbehagens, seiner Unzufriedenheit und seines Neubeginns steht für viele seiner Kolleginnen und Kollegen. Sein hier skizzierter Weg könnte für andere Betroffene ein Wegweiser werden. »Morgens, wenn ich aufstehe«, so schildert er mir seine Situation, »dann denke ich, welch eine prima Firma, die mir mit 55, im besten Alter, alle Freiheit gibt und noch 75 % des Gehalts. Und abends, wenn ich nicht ins Bett finden kann, dann denke ich: unmögliche Firma, schickt mich einfach weg, braucht mich nicht. Für jüngere Platz machen! Eine Wut packt mich! ›Reorganisation‹ nennen die das. Ich finde es ja eigentlich gut, aber warum trifft es gerade mich? Wer reorganisiert mich? Bin ich nun arbeitslos oder pensioniert oder keins von beidem?« Er erklärt mir die Unternehmenspolitik, die er eigentlich befürwortet, er rechnet mir vor, was ihm sein Lebensstandard noch alles erlaubt. Dennoch kann er sich seine Unruhe nicht erklären.

»Und meine Frau erst – irgendwie ist alles aus dem Lot geraten«, schließt er seinen Bericht. Aus dem Lot geraten, die Balance verloren, das beschreibt die unmittelbare Erfahrung, die dieser Mensch und seine Familie mit ihm gerade macht. Seine Tage sind vollgepackt mit allem möglichen, er weiß selbst nicht, wie sie dahingehen. Nur die Unruhe wächst. Die Kränkung, die er mit der Entlassung erfahren hat, läßt sich nicht wegdiskutieren oder weiterhin ignorieren, sie muß heilen, und das braucht Zeit.

In dieser Zeit sehen wir uns häufig, und als Ergebnis dieser Gespräche formuliert er seinen Zustand schließlich so: »Ich bin wieder im Lot. Die ungeliebte Freistellung meiner Firma, diese vierzig freien Stunden wöchentlich habe ich so aufgeteilt: Ich berate als Selbständiger Firmen auf ähnlichem Sektor wie früher, ich lehre an der Volkshochschule und ich begleite junge Auszubildende, alles gegen Honorar. Das nimmt einen guten Teil meiner freigewordenen Zeit ein. Den anderen Teil bin ich ehrenamtlich tätig. Das Leben geht mich wieder etwas an.«

Herr B. wirkt bei diesem Abschlußgespräch immer noch unruhig, aber diese Unruhe hatte einen kreativen Touch bekommen, sie ist nach vorn gerichtet. Durch Herrn B. angeregt, war ich neugierig geworden auf andere Frühpensionierte und deren Situation.

In Fragegesprächen mit den unterschiedlichsten Frühentlassenen machte ich viele wichtige Erfahrungen, lernte Konzepte kennen und konnte fast ungefragt Einfluß nehmen und meinerseits Gedankenanstöße geben, die zum großen Teil in den folgenden Kapiteln ausgeführt sind. Meine Fragen bauten auf dem Gedankengut von Marie Jahoda auf, Autorin der klassischen sozialwissenschaftlichen Studie *Wieviel Arbeit braucht der Mensch?*, die ich in Kap. 4 ausführlich darstellen werde. Sie geht davon aus, daß der Verlust eines Arbeitsplatzes mehr bedeutet als der Verlust der finanziellen Grundversorgung. Dieses Mehr teilt sie in fünf Bereiche ein, die wir genauer darstellen werden und die als Grundlage zur Neugestaltung des Lebens nach der Frühpensionierung dienen.

Nicht von ungefähr handeln die geschilderten Berufssituationen von Männern. Frauen erreichen den Ruhestand gewöhnlich zu einem noch früheren Zeitpunkt, aber Frauen, in Partnerschaft oder allein lebend, setzen andere Prioritäten. Sie retten mehr mit hinüber in den neuen Lebensabschnitt, und sie sorgen in vorausschauender Weitsichtigkeit anders für Kontinuität und Überlappung, für Weiterführung und Ausbaufähigkeit von Kontakten und Interessen. Sie richten den Blick mit wacher Aufmerksamkeit über die imaginäre Grenze hinaus, Schritte für»dann« ausprobierend, Zeit, Geld, Neugierde, körperliche Fitneß quasi auf die hohe Kante legend. Darüber hinaus wird Frauen nicht ganz so viel genommen, wenn sie in den Ruhestand gehen. Wohl müssen sie wie Männer ihren Arbeitsplatz räumen, dem Arbeitsumfeld und den Menschen Adieu sagen, die Arbeit selbst oft wehmütig aus der Hand legen. Und doch erweist sich am Ende des Berufes die als Doppelbelastung empfundene Berufs-Haushalts-Kombination als Glück: Das Arbeitsfeld Haushalt bleibt erhalten, ist vielfältig und ausbaufähig. Wir werden darauf noch eingehen.

Trotzdem – es erwischt auch Frauen.

2.4. Der Arbeitsplatz ist geräumt – die Tage danach

Was immer ich zu hören bekam in diesen ersten Gesprächen nach der Entlassung, war Enttäuschung. Sowohl im Hinblick auf die Firma war man einer Täuschung aufgesessen als auch was Partnerschaft und Privatleben betraf. Was die Firma angeht, so hört sich die Schilderung von Herrn V. wie folgt an: Eben 55 geworden, lebt er in einer Kleinstadt auf dem Lande, die in ihrem Randgebiet zwei Fabriken hat. Dort war er mit einem jüngeren Kollegen jahrelang für einen wichtigen Teil des Einkaufs zuständig gewesen. Durch eine Produktumstellung war sein Teil – und damit seine Aufgabe – weggefallen.

Er beginnt seine Erzählung so:

»Es war ein Freitag, an dem ich ein letztes Mal hinging. Jedenfalls war es spätestens Freitag, an dem ich zum letzten Mal hinging, mit ein paar Fläschchen Sekt und den letzten Akten, die ich noch weitergeben mußte. Es gab eine Abschiedsrede, die gar nicht einmal mir allein galt. Dieser bewußte Freitag traf ja noch mehrere aus meiner sowie aus anderen Abteilungen. Die fast schon üblichen Ehrungen, die ich aus Verabschiedungen anderer kannte, betrafen diesmal auch mich. Auch die Verabredungen, die getroffen wurden, kannte ich schon. »Wir sehen uns bestimmt«, hieß es da, oder »Schaun'n Sie doch mal rein!«. »Wenn es mal eng wird, dürfen wir dann auf Sie zurückgreifen?«

»Ja, natürlich, selbstverständlich, wenn ich kann, tue ich es gerne«, hatte er geantwortet und sich gut dabei gefühlt. Spätestens als er in die Nüchternheit der eigenen Wohnung zurückgekehrt war, ahnte er, daß daraus nichts werden würde. Das hatte man ja bei Kolleginnen und Kollegen am Rande bereits miterlebt und selbst mehrmals zu Ausscheidenden gesagt. Da war man noch auf der anderen Seite gewesen, auf der der »Überlebenden«, oder bei denen, die die Kündigung hatten aussprechen müssen. Seitdem wartete er, nein, lauerte er am Telefon in der Hoffnung auf den gewünschten Anruf.

Was ihm jedoch ein ganz neues Erlebnis war: der Tag danach! Ich meine nicht den Samstag. Das Wochenende blieb ganz normal. Die üblichen Samstagsbeschäftigungen, abends noch ausgehen und ein spätes Sonntagsfrühstück, täuschten über die veränderte Situation zunächst einmal hinweg. Wäre da nicht der Montag gewesen. Kein Wecker, kein hastiges oder ausführliches aber zeitgebundenes Frühstück, keine letzten Sätze, kein »bis heute abend« zu den zurückbleibenden Menschen oder Sachen. Man blieb zu Hause, und es war wahr. Es war ernst geworden, man war ein Ruheständler, aber man wußte in dieser Morgenstunde nicht, wer man war. Wenn sich die Vergangenheit auch oft schwer verstehen läßt, so trifft dies erst recht für krisenhafte aktuelle Augenblicke zu.

An diesem besagten Montag dachte er nun daran, daß »Alter« sich so anfühlen mußte. Als ob die innere Uhr übers Wochenende ganz schnell abgelaufen wäre. Selbst der Körper, der letzte Woche noch unauffällig seinen Dienst getan hatte, schien im Schnellverfahren schlaff geworden zu sein. Als ob es nur »jung« und »alt« gäbe und nichts dazwischen.

Was den Privatbereich angeht, so gab es da die Ehefrau, die sich gar nicht vorstellen konnte, daß sie weiterhin zur Arbeit ging und er..., nein, diesen Gedanken wollte man gar nicht zu Ende denken.

Ein anderer Ratsuchender berichtete mir, daß seine Frau gesagt hatte:»Wenn du in den Ruhestand gehst, will ich als Hausfrau auch in den Ruhestand gehen.« Wie das wohl aussieht, bei einer fünfzigjährigen aktiven Frau, die Hausfrau und Mutter ist, viel ehrenamtliche Arbeit leistet, eigentlich sogar, nach der Phase des Kinderbetreuens, noch mit einer Berufstätigkeit für sich selbst liebäugelt? Ja, wie ein Ruhestand für sie aussehen sollte, wußte sie selbst nicht. Aber dieser Mann wußte sofort, daß dieser Schreck seiner Frau nicht nur ihn betraf, hatte er doch von vielen Kollegen ähnliches gehört:»Offensichtlich haben sich die nicht berufstätigen Frauen vielbeschäftigter Männer nicht nur ihren eigenen Rhythmus, sondern auch ihren privaten Lebenskreis gestaltet, den sie nun durch den Partner jäh gestört sehen.«

Eine andere Frau hat sich da eine Art Trick ausgedacht:»Nur wenn ich früher aufstehe, noch früher als sonst, habe ich die Wohnung für zwei Stunden allein«, schildert Frau L. ihre neue Tageseinteilung, sich selbst darüber wundernd, daß ihr das wichtig ist.»Ab neun Uhr, wenn wir gemeinsam gefrühstückt haben – er tat das sonst um sieben Uhr allein –, belegt er das Wohnzimmer mit all seinem Schriftkram, und meist ist auch das Telefon blockiert, ganz zu schweigen davon, daß ich jetzt Mahlzeiten zubereiten muß zu Zeiten, wo ich sonst einen Apfel aß oder schnell beim Einkaufen ein Brötchen.«

Das Berufsende ihres Mannes sieht sie bei weitem nicht als das Ende aller Tage an, zunächst aber einmal das Ende der normalen Tage. Es wird lange dauern, bis das Neue wieder das Normale ist.»Drei Jahre hat es bei uns gedauert«, erzählt eine Nachbarin, vielleicht wird sie auch in diesem Fall recht behalten.

3. Psychische Aspekte der frühzeitigen Entlassung

3.1. Die Identität verlieren

Zwei Dinge aber haben alle diese Menschen, die heute und morgen den Beruf vor der Zeit verlassen, gemeinsam: Sie sind *nicht* im traditionellen Sinne *alt*. Und – wichtiger noch – sie haben jeder auf seine Weise ein Stück ihrer *Identität verloren*, dieses langjährige Verständnis von sich selbst, das sie aus ihrer Arbeit bezogen.

In einem weiteren Schritt unserer Auseinandersetzung mit der neuen Generation wollen wir darum diesen Identitätsverlust genauer anschauen.

Das Verlieren von Identität als Konsequenz der Kündigung ist nicht nur spezifisch für ein Berufsende, auch in anderen Lebensphasen erleiden wir diesen Verlust, um später eine neue Identität zu gewinnen. Aber zunächst einmal steht ganz offensichtlich der Verlust im Vordergrund. Erst sehr viel später entläßt mich der Verlust auf die Suche nach Gewinn, und es gleicht nie einer doppelten Buchführung. Verliere ich meinen Mann, so verliere ich die Identität als Ehefrau; verliere ich meine Heimat, so verliere ich auch die Identität, die mein Wohnort mir gegeben hat. Verliere ich meine Arbeit – welche Identität wird mir genommen? Über was und über wen habe ich mich definiert? Da bin ich nun nicht mehr der Macher und Mitmacher, auf den das Rampenlicht gerichtet ist. Nun bin ich statt dessen in die Beobachter- und Begutachterrolle übergewechselt. Gebeten oder ungebeten blicke ich jetzt als Zaungast aufs Geschehen.

Manche Identitätsmerkmale sind nur am Rande betroffen, die soziale Identität aber wird zunächst nur eine abgeleitete sein; »i.R.« steht hinter meinem Namen, doch wenn die Pensionäre aufgerufen würden, würde ich wohl nicht einmal den Kopf wenden. Welches Spiel wird jetzt gespielt, und was ist meine Rolle darin? Wen meine ich, wenn ich in Zukunft von »wir« spreche? Zu welcher übergeordneten Gruppe zähle ich mich jetzt? Was meinen wir denn eigentlich, wenn wir von Identität sprechen?

In der Zeit des Heranwachsens identifiziert sich der Mensch mit einem

Erwachsenen seines engeren Umfeldes, indem er sich mit ihm gleichsetzen möchte, seine Ziele und Handlungen übernehmen, dessen Werte zu den seinen machen will. Dann geschieht Wachstum und Ablösung, irgendwann weiß und fühlt der Mensch:»Das bin ich selber«. Er hat ein Selbstkonzept entwickelt und eine Ich- Identität erlangt.

Otto und Felicitas Betz[5] zeigen uns in folgenden Versen sehr lebensnah, in welchen Erfahrungsschritten es zu dieser Ich- Identität kommt:

Wenn ich anderen Menschen begegnet wäre,
dann wäre ich ein anderer geworden.
Hätte ich andere Bücher gelesen,
würde ich anders denken.
Als Sohn eines anderen Landes
hätte ich andere patriotische Gefühle.
Von einer anderen Religion umfangen,
spräche ich andere Gebete.
In einem anderen Jahrhundert beheimatet,
strebte ich anderen Idealen nach.
Wäre ich auf andere Fragen gestoßen,
würde ich andere Antworten suchen.
Von welchen Voraussetzungen bin ich abhängig?
Welche Fäden halten mich am Leben?
An welchen Bedingungen hängt meine Existenz?

(Otto und Felicitas Betz: *Tastende Gebete,*
Texte zur Ortsbestimmung)

Je realistischer die Meinung eines Menschen von sich selbst, je zufriedener er mit seiner Identität ist, je mehr er seinen Wert kennt und schätzt, desto mutiger und gelassener kann er sich seinen Aufgaben oder dem Umgang mit Menschen stellen, ohne seelische Energie auf falschen Kampfplätzen zu lassen, etwa auf solchen, wo man um Geltung und Ansehen ringen muß.

Am Beispiel des frühzeitigen Ausscheidens aus dem Beruf erfahren wir, daß Ich-Identität keine feste Konstante ist, die ein für allemal feststeht. Der Prozeß der Individuation führt Schritt für Schritt weiter. Oft ist Entwicklung die Folge mehr oder weniger auffälliger Fahrtänderungen, vom Wind der »Verhältnisse« vorgegeben und auf ein fremdbestimmtes Ziel hin gerichtet.

Die Stationen der Individuation haben eine kollektive und persönliche Geschichte, die der Mensch mitbestimmend fortschreibt. Vorhandenes Wachstumspotential im Menschen ermutigt ihn zur Veränderung. Nicht immer im Laufe der Geschichte war dies möglich. In traditionellen Gesellschaftsstrukturen bis ins 20. Jahrhundert hinein war die Identität des Menschen unseres Kulturkreises durch das soziale Umfeld festgelegt. In der mittelalterlichen Ständegesellschaft bestimmte schon die Geburt darüber, ob man seinen Lebensunterhalt durch Arbeit verdienen mußte oder nicht, welche Art von Arbeit es sein würde, ob man Angestellter oder gar Leibeigener war oder ob man sich freiberuflich niederlassen konnte. Genauso war es mit der Eheschließung und der Religionszugehörigkeit. Das Leben bewegte sich im großen und ganzen in einem festgelegten Rahmen. Nur innerhalb dieser vorgegebenen Räume war für die meisten eine individuelle Entwicklung möglich. Die Bedingungen eines Wachstums darüber hinaus war für die breite Masse praktisch nie gegeben. Die Folge dieser Einengung war auf der einen Seite ein Lebenslauf, der durch eben diese festen Normen und Regeln geschützt war und bei dem krisenhafte psychische Einbrüche überspielt wurden, der aber auch auf der anderen Seite ein großes Maß an Abhängigkeit zeitigte. Wurden die Normen durch jemanden durchbrochen, so wurde er schnell als Verrückter oder als Versager abgestempelt und mußte seinen Bezugsrahmen verlassen. Die Chance, als autonome Person das eigene Schicksal in die Hand zu nehmen und zu steuern, war gering und fand wenig Unterstützung. Entschied sich jemand doch zu diesem Weg, so kostete es ihn einen unvergleichlich höheren Preis als heute. Diese Situation – in der Kürze dieser Darstellung sehr vereinfacht – bestand bis in die Neuzeit.

Die Industrialisierung brachte trotz ihrer bekannten Schattenseiten wie Fließband und Mechanisierung eine beschleunigte Auflösung dieses Rahmens mit sich: Berufswahl, Wahl des Familienstandes, der Religion, des Lebensstils wurden, zumindest im Mittelstand, mehr und mehr dem einzelnen überlassen. Eine Konsequenz daraus ist, daß dem einzelnen wichtige Entscheidungen in die eigene Verantwortung übertragen wurden. Von diesem längst erprobten Übungsfeld können also heutige Berufsaussteiger nur profitieren; sie müssen nicht jeden Identitätsschritt neu kreieren. Immer mehr Menschen entdecken in anderen Situationen, daß sie in einer Entwicklung stehen.

Auch für Männer ist längst nicht mehr der Beruf die einzige Möglichkeit, um sich selbst zu definieren und ihre Persönlichkeit auszudrücken. Ich-Entwicklung ist auf ganz neue Weise in den Blickpunkt des Bewußtseins gerückt. Allenthalben haben Menschen begonnen, ihre eigene Person mit den ganz eigenen Bedürfnissen und Wünschen zu entdecken und ernst zu nehmen. Sie suchen nach mehr persönlichem Freiraum und wollen die individuellen Grenzen ausloten. Sie wollen unentdeckte Lebensräume nach eigenen Vorstellungen gestalten und sind hierbei durchaus zum Risiko bereit. Manche vermitteln dabei den Eindruck, als ob sie sich über lange Zeit selbst vergessen hätten und nun in kürzester Zeit versäumtes Leben nachholen wollten. Als ob man das Leben nachholen könnte! Der Impuls zum Ausbrechen aus dem bekannten Rahmen eilt der Frage:»Was will ich statt dessen?«oft weit voraus. Doch die eigentliche Frage ist nun:»Wer bin ich jetzt, wer will ich sein?«

Jeder Mensch hat sein ganzes Leben lang generell die Möglichkeit, seine persönliche Identität zu entwickeln aus dem, was er auf den Schultern seiner Vorfahren und gemeinsam mit seinen Schwestern und Brüdern aus sich werden läßt. Das ist die Chance in der Krise des Umbruchs. Man liest seine Identität immer von außen nach innen. Darum kann es keinen besseren Zeitpunkt der Umbenennung geben als den des beruflichen Neuanfangs, an dem ein äußerer Stoß das innere Pendel zum Schwingen bringt.

Impliziert war bei allen Vorruhestandsvarianten, denen ich bis jetzt begegnet bin, die kühne Hoffnung, diesem gefürchteten Loch zu entgehen. Aber die Rechnung geht nicht auf. Das»Statt dessen«steht erst glaubwürdig da, wenn nach dem Abschied auch die Trauer Raum haben konnte.»Ich spiele nicht mehr mit. Mich sieht keiner mehr, ich habe nichts mehr zu sagen«, so drückte ein kürzlich entlassener Abteilungsleiter sein Loch und seine Trauer aus.»Ich bin namenlos geworden«, ergänzte er seine traurige Erfahrung.

Ja, achten Sie doch einmal selbst darauf, welche Fragen gestellt werden, so kurz vor oder nach dem»Ende«, mit welchen Kommentaren Sie oder andere Betroffene versehen werden. Heißt es da eher:»Na, in Ihrer Haut möchte ich auch nicht stecken«, oder:»So gut wie Sie . . . «, »An Ihrer Stelle würde ich ja . . . «

3.2. Von 110 auf null Prozent –
der Belastbarkeitsabbau

»Dieser Sturz von 110 auf null Prozent, den ich da am 31. März erlitten habe...«, so beginnt eine weitere Schilderung. Herr S. ist jetzt 53 und war lange Jahre in einer großen Baufirma, die sich besonders in den neuen Bundesländern um Aufträge bemühte, Projektleiter. Vom gesamtwirtschaftlichen Aufschwung ließ er sich mitreißen, und seine Firma gab ihm allen Anlaß zu glauben, daß dies auch seine Chance sei. Schon durch die weiten Wege sammelten sich schnell Überstunden, und an einen normalen Urlaubstag war lange nicht zu denken. Aber dann blieben die Aufträge aus. »Die allgemeine Lage«, hörte man sagen, und: »Anderen geht es nicht anders«. Dann kam schon bald dieser magische Punkt, der Absturz. »Damit werde ich gar nicht gut fertig. Man hätte erst mal wegfahren sollen. Jetzt, nachdem ich einige Wochen Abstand habe, kann ich es richtig zurückverfolgen: Vor Jahren, ehe in der Firma von dieser Frühpensionierung überhaupt die Rede war, da habe ich immer meine Arbeit gemacht, das war so ein gewöhnlicher, normaler Aktivitätseinsatz. Manchmal kam eine kleine Problembewältigung dazu, ein wenig Streß, aber auch noch normal. Die meiste Zeit fühlte ich mich entspannt, produktiv und mit meiner Umwelt im Einklang. Dann kam der allgemeine Aufschwung, wir machten mit, waren mittendrin. Stets warteten neue Anreize auf mich, ich hatte viel Energie, Überstunden wurden selbstverständlich. Das unnormale ›Zuviel‹ wurde ganz unbemerkt das Normale.

Dann kamen die ersten Gerüchte vom Stellenabbau, das fand ich eigentlich ganz vernünftig und dachte gar nicht daran, daß es mich treffen könnte, mit 51 und so mittendrin. Wie man sieht, hatte ich ja mehr Arbeit als nötig. Aber unterschwellig ließ es mich nicht mehr los. Da ging das wohl los: Ich wurde hektisch, irgendwie angespannt und habe immer mehr gearbeitet. So wie man immer schneller fährt, wenn man sich verfahren hat. Meine Frau machte mich darauf aufmerksam, lange bevor ich es selbst merkte, natürlich war ich auch gereizt; dann sagten die Kollegen etwas, erst so durch die Blume, dann offener. Inzwischen wußten schon einige, daß sie gehen mußten. Ich wußte es noch nicht. Aber ich merkte, ich würde keinen Widerstand mehr leisten, komisch, meine ganze Lebensführung geriet fast ohne Übergang unter die Dominanz von Resignation. Die Motivation war auf einmal weg. Als ich dann wußte, ich werde gehen, war ich nur noch erschöpft und machte nur noch das Nötigste. Gut, körperlich zusammengebrochen bin ich nicht. Aber es war wie eine Leiter, die Schritt für Schritt abwärts führte, und das von heute auf morgen: von 110 auf null Prozent, ja, wenn es das gäbe, auf unter null. Nun seit Wochen zu Hause, spüre ich immer noch die extreme Unterbelastung, Luxuslage nenne ich das. Besser ist es keinesfalls. Es ist wie nach einem langen schnellen Lauf, plötzlich zum Stillstand gekommen, dieser oben erwähnte Überstundensprint in ein unfreiwilliges Ziel. Und das Abstoppen ist das Schlimmste.

Die Freiheit der Lebensführung ist so groß geworden, und die Widerstände, die es sonst gab, alle weg. Jetzt ufere ich richtig aus. Wenn mich doch irgend jemand wieder steuerte! Erst volle Pulle und dann nichts mehr. Das kann man mit Maschinen machen, nicht mit Menschen«, schließt er seinen Bericht.

Was hier von einem Entlassenen aus seinem Erleben heraus in Worten geschildert wird, entspricht dem typischen Ablauf von Belastungsprozessen, die lange vor aller Entlassung ihren wenig beachteten Anfang nehmen und nicht selten in der Katastrophe eines Zusammenbruchs enden. Schauen wir uns die einzelnen Schritte vor dem Hintergrund der vorausgegangenen Fallschilderung an:

1. *Normallage*: Die Widerstände im Alltag können mit normaler Aktivität bewältigt werden.

2. *Problemlage*: Die Anforderungsbewältigungen machen einen besonderen Aktivitätseinsatz erforderlich.

3. *Belastungslage*: Der Widerstand aus dem Umfeld hat zugenommen. Die Situation kann zwar unter Aufbietung aller Kräfte bewältigt werden, aber das geht an die Substanz. Ist trotzdem eine Bewältigung nicht möglich, so werden inadäquate Formen der Lösung gesucht.

4. *Überlastungslage*: Totale Erschöpfung als Folge vieler vorhergehender Einzelschritte führt zu einer Desorganisation, die jede Leistung und jeden Erfolg von vornherein verhindern und die betroffene Person schließlich zum Zusammenbruch zwingen.

Analog zu dieser Überlastungskette können wir auch von Unterlastungslagen sprechen. Auch hier lassen sich verschiedene Schweregrade nachweisen bis hin zu einer Luxuslage des Lebens, die bei den Betroffenen keine Anstrengungsbereitschaft mehr mobilisieren läßt. Die gebratenen Tauben aus dem Schlaraffenland liegen in allzu greifbarer Nähe. Die Lebensführung gerät unter die Dominanz des Lustprinzips, und die Selbststeuerung wird erheblich reduziert.

Wenn auch die Entlassenen in aller Regel zuvor eine erhebliche Belastungslage durchlaufen haben, so sollten sie sich doch von der anfänglichen Faszination der neuen Unterbelastung nicht fesseln lassen. Ein Weitermachen oder ein Neuanfang nach dem Tag X sind nur möglich, wenn eine gewisse Anstrengungsbereitschaft weiterhin besteht.

Alle Arbeits- und alle Altersforscher sind sich darin einig, daß ein allmähliches Gleiten von der Vollbeschäftigung in den Ruhestand sinnvoller und gesünder ist als jedes abrupte Aufhören. Darum bleibt es erstaunlich und schwer erklärbar, warum nur relativ wenige Arbeitnehmer vom Teilzeitangebot Gebrauch machen. Wer zum Beispiel bei Siemens nach seinem 55. Geburtstag nur noch halbtags arbeitet, erhält drei Viertel seiner Bezüge weiter und die vollen betrieblichen Sozialleistungen. Die Regelung gilt bereits seit 1982. Doch nur tausend Mitarbeiter haben sie seither in Anspruch genommen.

Herr F. dagegen war Offizier bei der Marine und wußte seit langem, daß er mit 53 aufhören müsse. Trotzdem kam es plötzlich, und von Teilzeit oder anderen Modellen der Arbeitszeitverkürzung konnte gar keine Rede sein. Für ihn bekam ich die Antworten auf meine Frage, wie es ihm jetzt gehe und was er so mache, von seiner Frau. Er selbst drückte sich nur zu gern um eine Aussage herum. »Gott sei Dank, daß er zur Jagd gehen kann und daß wir einen Hund zu versorgen haben. Beides tut er allein. Ich sage dann, er tigert so rum. Lebhaft und gesprächig wird er erst, wenn die beiden Söhne kommen, die auch bei der Marine sind. Dann kommt er mir vor wie in alten Zeiten, aber das stimmt ja nicht. Ich rechne eigentlich auf den Sommer, wenn er segeln kann. Und er wartet wohl auch darauf. Denn da herrschen ja dann ähnliche Gesetze wie bei der Marine. Er kennt einige aus der Crew gut. Aber Freizeitsegeln, ob das den gewohnten und auch geschätzten Dienstablauf ersetzen kann? Ich hatte mich so gefreut auf diese Zeit, das war wohl ein wenig naiv. Ich wollte bummeln, wandern, zur Familie reisen. Aber daraus ist in den vergangenen Wochen noch gar nichts geworden. Seine stille Freundlichkeit macht mir Sorge. Das ist nicht mehr mein Mann! Oder noch nicht wieder?« Herr F. gehört zu der nicht so kleinen Gruppe von Männern, die kurze Zeit nach ihrer Entlassung, wie aus heiterem Himmel, einen Herzinfarkt erlitten.

3.3. Das Trauma des Abbruchs – Fallbeispiele

Das Erlebnis des Abbruchs, welches bei den meisten Betroffenen ein Trauma hervorruft, beschreibt Franco Rest mit folgendem Bild:
»Vorzeitig in den Ruhestand geschickt. Das muß man sich so vorstellen: Du liest ein Buch, welches dich interessiert und mit dessen Geschehen du dich vielleicht auch ein wenig identifizierst. Als eigentlich noch etwas kommen müßte, fehlen die letzten zehn Seiten. Was geht in dir dabei vor? Wie lange brauchst du, um ein neues, anderes Buch anzufangen?«[6]
Die Gestalttheorie würde hier von einer unvollendeten Gestalt sprechen. Auch diejenigen, die mit dem normalen »Schluß und Einpacken« ihre Laufbahn besiegeln, sind vielleicht mit der erreichten Gestalt nicht zufrieden, aber sie ist im vorgesehenen Sinne wenigstens vollendet.

Herr A., der das Angebot des Frühruhestandes mit 52 Jahren annahm, hat sich zunächst einmal so eingerichtet:
»Ein Teil von mir ist Hausmann geworden. Das bestimmt auch meine Zeitstruktur. Natürlich ganz anders als sonst. Aber andere in meiner Wohngegend machen das auch. Die zeitlichen Festpunkte ergeben sich eben aus dem Ablauf des Familienlebens. Damit bin ich im Moment ganz zufrieden.

Etwas anderes ist dagegen sehr viel schwieriger: Die Benutzung unseres gemeinsamen Arbeitszimmers, in dem ich mich jetzt hauptsächlich aufhalte; meine Frau kann nicht mehr so ungestört ihre Arbeiten verrichten. Ich denke, daß sich da noch eine neue Lösung finden muß. Wir sind uns gegenseitig so oft im Wege. Es ist nicht einmal der fehlende Platz. Ich kann es schwer beschreiben, immer erlebt der eine vom anderen alles mit. Jeden Abend freue ich mich über die Bewältigung oder, treffender gesagt, über das Verleben eines weiteren Tages.

Das ist neu und schrecklich. Das größte Defizit aber verspüre ich durch den Fortfall des Kollegenkreises. Da haben wir in den letzten Jahren vermehrt in Teams gearbeitet, wir haben das doch auch neu lernen müssen. Mir hat das Spaß gemacht. Ich habe auch Teams geleitet. Da bin ich wirklich ein wenig neidisch auf die Kollegen, die das noch haben. Familie ersetzt das nicht. Dieses Nichtmehrgebrauchtwerden, das darf auf keinen Fall so bleiben. Davon werde ich krank!«

Während der eine sich noch nicht von seiner Wut trennen kann und der andere sich zwischen Trauer und Neid bewegt und dabei neue Aufgaben sucht, führt uns Frau K. eine Welt voller Termine vor.

Sie war Lehrerin, ging wegen einer Umstrukturierung mit 56 Jahren in den Ruhestand. Sie hat viele Jahrgänge von Schülern auf den Weg gebracht. Jetzt findet sie ihren eigenen Weg nicht. »Schon fast zwei Jahre dauert dieser mich krankmachende Zustand, ist das nicht viel zu lange?« fragt sie sich irritiert.

Unzählige Unternehmungen bestimmen ihren Tages- und Wochenablauf. Sie geht zur Gymnastik, zum Singkreis, zum Motettenchor, zum Schwimmen. Sie besucht täglich ihre alte Mutter, sie ist in einer Hospizgruppe aktiv und bereitet Gottesdienste vor. Sie macht Sterbebegleitung und hat eine Kassenverwaltung. Daneben stehen weite Reisen an. Letztes Jahr reiste sie nach Mexiko und hat an nicht weniger als hundert Menschen ihren Reisebericht geschickt. Von Rhythmus im befriedigenden Maß kann leider keine Rede sein.

»Ich glaube, ich kann gar nicht mehr unterscheiden zwischen gezielter Aktivität und zielloser Geschäftigkeit. Ja, das mag es sein: zu viele Bezüge ohne wirklichen Bezug.«

Hier enden Frau K.s langer Bericht und ihre Überlegungen. Mir fiel spontan folgendes Gedicht von Bertolt Brecht[7] ein:

Ich sitze am Straßenrand.
Der Fahrer wechselt das Rad.
Ich bin nicht gern, wo ich herkomme.
Ich bin nicht gern, wo ich hinfahre.
Warum sehe ich den Radwechsel mit Ungeduld?

Und dann ist da noch Herr X., der beim bloßen Ansinnen, ihn als Vorruheständler zu sehen und ihm einige Fragen zu seiner frühzeitigen Entlassung zu stellen, so in Rage gerät, als hätte man ihm ein unsittliches Angebot gemacht. Seine Argumente habe ich nicht verstanden. Was mich beeindruckt, ist dieses Bündel an Unzufriedenheit und ziellosem Ärger, welches wohl nicht heraus sollte, hat er sich doch das Image dessen, der über alle Probleme der Frühentlassung hinausgewachsen ist, so glaubhaft zurechtgelegt. So mußte ich wohl seinen Unmut über meine Fragen als einen Schutzschild vor weiteren Verletzungen verstehen.

3.4. Nichts ist mehr wie sonst.
Der Alltag nach der Entlassung

Wie für die normal Pensionierten, so gibt es auch für die in jüngeren Jahren Entlassenen nicht *die* Situation nach dem Beruf. Die Situationen sind so wenig vergleichbar, wie die Wünsche, Ängste und Hoffnungen von Menschen generell vergleichbar sind, haben paradoxerweise aber auch Ähnlichkeiten.»Hätte ich nie so gemacht«, denkt der eine vom anderen, um am nächsten Tag zu sagen:»Das könnte von mir stammen.« Wir finden darum bei den verschiedenen Personen typische Konstellationen, jeweils durch die persönliche Brille gefärbt. Ich kenne sie alle aus Einzelberatungen und aus Organisationsentwicklungsprozessen, die ich begleitete. Ich kenne viele andere, deren Schicksale, Einstellungen und spätere Lösungsversuche hier mit einfließen werden.

In ihrer Lebensauffassung weichen die hier geschilderten Personen nicht sehr voneinander ab. In ihrem Rollenverständnis und in ihrer gesellschaftlichen Zuordnung gehören sie in das breite Spektrum der eher konservativ lebenden Mittelschicht, das betrifft sie auch in der Krise des Berufsausstiegs.

Herr N., Anfang 50 und seit kurzem aus der deutschen Tochtergesellschaft eines US-Konzerns entlassen, beschreibt seine Situation so:
»Vor einem Jahr erst ging ich nach langem Hin und Her auf diese Teilzeitstelle. ›Di.Mi.Do.-Stelle‹ wurde sie genannt und sollte für drei Jahre sein. Dienstags, mittwochs und donnerstags ging ich in die Firma an meinen Arbeitsplatz. Es war nicht mehr die gleiche Arbeit, und die Vision von Karriere war dahin, aber immerhin, es füllte mich aus. Alle positiven Elemente der Arbeit waren noch da, und manchmal habe ich die Einschränkung gar nicht gemerkt, hatte ja auch zu Hause genug zu tun. Es entsprach voll meinen Vorstellungen.

An meinen freien Tagen, Montag und Freitag, beschäftigte ich mich mit anderen Dingen wie Aufräumarbeiten rund ums Haus (da ist in den vielen Jahren genügend liegen geblieben), Lesen, Sport, Volkshochschulkursen, langen Skiwochenenden usw. Die Anpassung an diesen Rhythmus war leicht.

Auch die Tatsache, daß ich meine Aufgabe als Hauptabteilungsleiter gegen eine Beratertätigkeit eintauschen mußte, war für mich gut zu verkraften. Ich habe allerdings gemerkt, daß man durch den Vollservice einer Sekretärin, den ich in meiner Tätigkeit als Hauptabteilungsleiter hatte, in vielen Alltagsdingen die Kompetenz verliert. Das hat mir am Anfang gewisse Schwierigkeiten bereitet. Hier habe ich jetzt eher das Gefühl, wieder mündiger geworden zu sein. Ich war also rundum zufrieden. Meine Frau sagte allerdings zu dieser Teilzeitidylle: Du gehst ja sowieso genauso lange in die Firma wie sonst. Ich hab' nie nachgezählt, ob das stimmt. Bei ihr klang ein wenig Vorwurf mit. Das war vor einigen Monaten. Jetzt, ich hatte mich gerade eingelebt, hat mir die Firma ein Angebot gemacht, welches ich einfach nicht ablehnen kann.

Es platzte so richtig in meine soeben neugewonnene Balance und stellte meine gerade liebgewonnene Arbeitssituation in Frage. Schon wieder wurde von mir eine Entscheidung verlangt: ganz aufzuhören! Um ehrlich zu sein, mich ärgert dieses Angebot. Das neue Buy out-Angebot für alle Teilzeitbeschäftigten ist finanziell so attraktiv, daß man es einfach nicht ablehnen kann – es sei denn, man hat außer finanziellen noch andere schwerwiegende Gründe, unbedingt weiterzuarbeiten.

Praktisch hat man unterm Strich das gleiche Geld, ob man weiterarbeitet oder nicht. Und da setzt nun meine kaufmännische Erziehung ein: Obwohl die Arbeit mir Spaß macht, kann ich einfach nicht zum Nulltarif arbeiten. Wenn schon umsonst, dann für eine soziale Einrichtung, aber nicht für ein Wirtschaftsunternehmen. Also bleibt mir nur eins: Ich muß aufhören. Sie können das sicher verstehen.

Und plötzlich sind für mich viele der persönlichen Fragen, die ich mir zu Beginn der Teilzeitarbeit gestellt habe, erst richtig aktuell. Ich werde mich ab sofort mit der Frage beschäftigen müssen, wie ich mein Leben nach 35jähriger intensiver Berufstätigkeit ab 1.1.1996 gestalten will.«

Herr N. steht nicht allein mit seiner Unruhe. Es sind zumeist Männer, die mit einer gewissen Endzeitstimmung auf das Berufsende reagieren. Aus und vorbei und von höherer Hand arrangiert, das ist das subjektive Erleben dieser Betroffenen. Freilich, es gibt durchaus auch die anderen, die diese magische Grenze positiver sehen, vielleicht gar als den Anfang des eigentlichen Lebens. Es hat ja auch sein Verlockendes, diese grenzenlose zeitliche Freiheit, die schöne Rente und was man sonst noch so alles hat. Und wenn man erst einmal langen Urlaub genommen hat, dann wird der Körper wohl noch eine längere Weile ganz gut mitmachen.

4. Den Arbeitsplatz als Erlebnisort verstehen

Angestoßen durch diese und ähnliche Erlebnisse im Beratungsalltag und während meiner oben beschriebenen Arbeit im Personalentwicklungsbereich liegt es nahe, einmal der Frage nachzugehen, welche Faktoren bzw. berufliche Tätigkeiten Menschen überwiegend zufrieden machen. Wie werden immer wieder Energieschübe frei, was offensichtlich am Arbeitsplatz geschieht? Es ist ja gar nicht so selbstverständlich, daß dieser über viele Jahre hin wirklich der Ort ist, an dem ein wesentlicher Teil der menschlichen Grundbedürfnisse gestillt wird.

Abb. 2: Hierarchie der Bedürfnisse

Alexander Maslow faßt die menschlichen Grundbedürfnisse in einer hierarchischen Pyramide zusammen. Die Befriedigung von elementaren Bedürfnissen wie Hunger zu stillen, angstfrei zu leben, Sicherheit und Heimat zu haben sind demnach die Grundlage für höhere Bedürfnisse, die Selbstverwirklichung ermöglichen.

Hier möchte ich mich nicht der Maslowschen These anschließen. Die physischen und die Sicherheitswünsche an elementarster Stelle mögen noch stimmen. Wenn aber Selbstverwirklichung als höchste Bedürfnisstufe nur für die da sein soll, die Nahrung, Schutz und sozialen Kontakt haben, wäre die volle Entfaltung des Menschen auf dieser Welt nur einer kleinen Elite vorbehalten.

Gewiß, da ist die Familie, die Partnerschaft, das Hobby, die Ferienreise, die Freizeitbeschäftigung, aber für lange Jahre ist der Arbeitsplatz der Ort, an den es fast magisch hinzieht, wo Leben und Bedürfnisbefriedigung stattfinden. Damit soll nicht gesagt sein, daß es dort immer harmonisch und erfolgreich zugeht, daß man da immer mit netten Leuten zusammen wäre und daß man jederzeit seines Erfolges sicher sein könnte. Arbeitsleben besteht auch aus dem Verarbeiten von Mißerfolg und dem Umgang mit Menschen, die nicht auf Anhieb sympathisch sind. Aber man ist da und gehört so oder so dazu, man regt sich auf, man erfährt Neues, wird gefragt oder eben nicht. Einmal ist man glücklich über den Erfolg, kurz darauf zählt man die Tage bis zum nächsten Urlaub. Alles zusammen macht die Attraktivität der Arbeit aus, und man lebt durch sie.

Bei Marie Jahoda, die ich schon eingangs erwähnte, fand ich einleuchtende Hinweise zu den oben gestellten Fragen, was die grundsätzlichen Lebensbedürfnisse von Männern und Frauen angeht und wie sie durch Arbeit Antwort darauf finden. Diese scheinen auch heute noch, sechzig Jahre später und in reichlich verändertem Umfeld, ihre Aktualität nicht eingebüßt zu haben. Marie Jahoda befaßte sich mit großem Engagement mit dem Thema Arbeit und Arbeitslosigkeit in den 20er und 30er Jahren, mit ihren Auswirkungen sowie mit der Humanisierung von Arbeit allgemein. Wenn sie von Arbeit spricht, meint sie im weitesten Sinne zweckgerichtetes Handeln, dessen Ziel es ist, ein Produkt zu erstellen oder eine Dienstleistung bereitzuhalten. Der Profit spielt bei dieser Definition zunächst eine untergeordnete Rolle. Arbeit bleibt Arbeit, auch wenn nichts dabei verdient wird. Wir unterteilen heute in Profit- und Non-Profitbereiche, also in solche Arbeiten, die Gewinn abwerfen, und solche, die ohne Gewinn durchgeführt werden. Daneben stehen die ehrenamtlichen Tätigkeiten, die demjenigen, der sie durchführt, nicht mit Geld entlohnt werden, wohl aber mit Status, Freude, Erfolgserlebnis, oft auch mit Weiterbildung. Und dann sind da noch die Arbeiten, die in erster Linie der eigenen Freude dienen, wie etwa das liebevolle Zusammentragen und Ordnen von Büchern, Briefmarken, seltenen Pflanzen oder nützlichen Daten im Computer. Die Möglichkeit, dieses hohe Gut des Tätig-sein-Könnens, braucht der Entlassene ebenso als Grundbefriedigung zum Leben, wie es für den Berufstätigen selbstverständlich ist und wie der Arbeitslose danach sucht, jedoch unter weit anderen Bedingungen.

Berufliche Arbeit, Eingebundensein in ein Arbeitsfeld ist zunächst einmal nur *eine* unter anderen Möglichkeiten des tätigen Menschseins. Gleichwohl ist berufliche Arbeit Ausdruck einer Mentalität geworden. Eine Arbeit zu haben ist eine der grundlegenden menschlichen Lebensumstände des mitteleuropäischen Lebensraumes. »Der geht schaffen«, sagt der Schwabe. »Heute habe ich etwas geschafft«, sagt der Zufriedene und meint damit ganz gewiß in den meisten Fällen, daß er gearbeitet hat und daß davon etwas zu sehen ist oder zu spüren. Arbeit, das ist der Dreh- und Angelpunkt unseres abendländischen Seins, sie prägt unsere individuelle Kultur und die des Zusammenlebens. Die Persönlichkeit des Erwachsenen entwickelt sich weitgehend in der Auseinandersetzung mit seiner Arbeit. Er produziert nicht nur ein Produkt oder bietet eine Dienstleistung an, er formt sich dabei auch selbst, besser noch: er wird von Produkt bzw. Dienstleistung geformt, manchmal auch in eine Form gepreßt. In manchen Branchen, egal ob es sich um Verkauf, Produktion oder Dienstleistung handelt, können nur Teilaspekte einer Persönlichkeit leben, andere verkümmern in dieser Position oder werden gar verbogen. Die gleiche Beobachtung läßt sich im Hinblick auf verschiedene Arbeitsplätze stellen: Auf welcher dieser Stellen kann man am meisten bei sich selbst bleiben, auch in seinen Wachstumsschritten? Auch aus dieser Entwicklung wird man rücksichtslos entlassen. Auch hier wird das Alte nicht mehr tragen.

Die Hinweise zu den grundsätzlichen Lebensbedürfnissen, die durch die Funktionen der Arbeit abgedeckt werden, fand ich bei Marie Jahoda in ihrer oben erwähnten Studie. Jahodas Aussagen über den Verlust von Arbeit und dessen Auswirkung sind, soweit es mir bekannt ist, von modernen Forschungen nicht korrigiert oder erweitert worden.

Dabei richtete sie ihr Augenmerk besonders auf eine Art der Arbeitslosigkeit, die in dem hier vorliegenden Text eigentlich nicht gemeint ist. Es ging um junge Langzeitarbeitslose ohne nennenswerte Perspektiven. Trotzdem, gerade wegen der von ihr entwickelten Grundüberzeugungen in bezug auf die zentrale Lebenswichtigkeit von Arbeit im nord- und mitteleuropäischen Lebensraum, enthält sie auch für Pensionierte und für alle frühzeitig aus dem Arbeitsleben Ausscheidende wichtige Erkenntnisse.

Jahoda geht also von einer Gesellschaft aus, in der Berufstätigkeit einen hohen Status hat. Das trifft heute nicht weniger zu, obwohl wir wahrscheinlich von der Vorstellung, wir hätten einen lebenslangen Arbeitsplatz für jedermann, vor allem sicherlich für jede Frau, Abschied nehmen müssen.

Jahodas Antwort auf die oben schon gestellte Frage: »Wieviel Arbeit braucht der Mensch?« lautet:

> »Der Mensch braucht so viel Arbeit,
> daß er den Kontakt zur gesellschaftlichen,
> politischen und kulturellen Realität nicht verliert.«[8]

Sie weist uns damit auf eine schon erwähnte Tatsache hin, nämlich daß Arbeit nicht durch noch so ausgefüllte Freizeit zu ersetzen ist. »Arbeitslosigkeit ist auch bei materieller Sicherheit ein unerträglicher psychischer Zustand.« Das war eine große Aussage in einer Zeit, in der Arbeitslosigkeit für nahezu jeden Menschen in erster Linie materiellen Notstand bedeutete. Wenn auch der materielle Aspekt heute nicht auszuklammern ist, so ist er doch von anderem Stellenwert. Die Bedrohung des finanziellen Ruins, die tatsächliche Verarmung, die damals mit Arbeitslosigkeit einherging, besteht zumindest für die hier besprochene Gruppe nicht mehr. Es kann kein Zweifel daran bestehen, daß das vorzeitige Ausscheiden aus dem Arbeitsleben finanzielle Einschränkungen mit sich bringt, aber von Armut im existentiellen Sinn kann keine Rede sein. Trotzdem hat das zunächst geringere Einkommen große Einwirkung auf das Gesamtbefinden, wirken die damit verbundenen Einschränkungen doch unmittelbar auf das psychische Gleichgewicht, wenn auch meist gut kaschiert. So müßten nicht nur Arbeitsplätze und Arbeitssituationen humanisiert werden, sondern mit gleicher Dringlichkeit auch die Situation der Entlassenen.

Genaugenommen geht eine große Zahl der frühzeitig aus dem Arbeitsleben Ausscheidenden nicht freiwillig diesen Weg. Es gibt natürlich auch eine Anzahl von Freiwilligen, aber sie ist nicht groß genug, um davon zu reden, daß das frühzeitige Ausscheiden bei vielen mit einer Eigenentscheidung zusammenhinge. Bei dem gegenwärtigen rapiden Anstieg der Entlassungen erleben es nicht wenige dagegen eher als Rausschmiß, wie wir in den Fallbeispielen noch sehen werden. Es darf nicht hingenommen werden, daß diesem Schicksal nur mit Resignation begegnet wird. Allerdings kann das Humanisierungskonzept für ein frühes Ausscheiden nicht ausschließlich von Behörden oder Institutionen erwartet werden. Bestenfalls entstehen Interessensgruppen. Maßgeschneiderte Entwürfe hingegen kann nur jeder selbst entwickeln. Auch wenn in Krisenzeiten an

Luxus nicht zu denken ist, den Luxus des humanen Umgangs mit sich selbst sollte sich jeder und jede in der Krise des Entlassenseins ganz sicher leisten.

Ein Arbeitsloser kann sich zunächst einmal sagen:»Es ist nur ein kurzer Übergang, bald geht's weiter.« Im nachberuflichen Stadium geht nichts mehr weiter. Es sei denn, *ich* lasse etwas weitergehen.

Ich möchte im Verlauf des Buches, wenn ich an Männer und Frauen nach dem Beruf denke, Arbeit durch Tätigkeit ersetzen oder durch Beschäftigtsein im Sinne von Sicheinmischen in die Geschäfte der Politik, des Zusammenlebens, der Wirtschaft und der Wissenschaft. In Kapitel 7.4. berichten Betroffene, wie sie ihren Weg dahin gefunden haben.

Marie Jahodas Forderung im Hinblick auf Arbeit möchte ich jedoch um eine Komponente erweitern, die mir unter dem Gesichtspunkt der Humanisierung von Arbeit und im Laufe der eigenen Tätigkeit im Beratungsbereich immer wichtiger wurde: Es geht nicht nur darum, durch Arbeit den Kontakt zur Gesellschaft, zur Politik und zur Kultur herzustellen, wie sie sagt, sondern darüber hinaus auch zur eigenen Person.

Lange Zeit ist das Hinschauen auf sich selbst einer Überbetonung sachlicher Aspekte zum Opfer gefallen. Individuelle und zwischenmenschliche Aspekte der Arbeit wurden wenig beachtet oder sind von einer falsch verstandenen sozialen Hingabe geschluckt worden. Dann kam die Zeit, in der die emotionalen und sozialen Potentiale weit mehr im Mittelpunkt der Aufmerksamkeit standen. Auch in nichtsozialen Arbeitsfeldern wurden die persönlichen Bedürfnisse wieder ernster genommen und veränderten ihrerseits die Arbeitsstrukturen.

In den letzten Jahren hat sich die zweifache Perspektive durchgesetzt. Im Arbeitsalltag haben die Bedürfnisse des einzelnen in fast gleicher Weise ihr Recht auf Befriedigung wie die sachlichen Ziele. Die weiterformulierende Aussage zu Jahoda, die dieses Hinschauen auf beide Anliegen einbezieht, muß daher heißen:

Der Mensch braucht so viel Arbeit, daß er den Kontakt zur gesellschaftlichen, politischen und kulturellen Realität nicht verliert, ebenso wie den Kontakt zu sich selbst, zu seiner inneren Realität, zu seinen Fähigkeiten, zu seinen Wünschen und zu seinen Ängsten.

Dieses Zusammenspiel von Leben als Individuum mit eigenem Tun und Eingebundensein in ein Umfeld, welches den einzelnen trägt, wird auf verschiedenen äußeren und inneren Aktionsfeldern vollzogen, die Marie

Jahoda *Erlebnisbereiche*[9] nennt. Sie unterteilt hierbei in fünf Bereiche, die wir im folgenden Text vorstellen wollen. Es scheint übrigens nicht darauf anzukommen, ob jemand vierzig Stunden, siebzig Stunden oder nur sieben Stunden arbeitet. Die Erlebniskategorien sind unabhängig von der Dauer der Arbeit. Auch in nur geringer Stundenzahl des Beschäftigtseins setzen sie sich durch.

Zunächst die fünf Erlebnisbereiche im Überblick:

1. Der Erlebnisbereich Zeit als strukturgebundenes Element. Zeit ist ein jedem Menschen zugeteiltes Kapital, das er in eigener Verantwortung nutzen kann. Aber Zeit ist nicht gleich Zeit. Sie hat verschiedene Qualitäten, und sie wird unterschiedlich empfunden. Das wird nach der Entlassung in aller Deutlichkeit erfahren. Die gesamte Zeit, die an die Firma verkauft war, steht nun frei zur Verfügung. Was tun damit?

2. Das Erlebnis, einem Produktions- oder Dienstleistungsteam anzugehören. In der Kooperation ist man Teil eines größeren funktionellen Kollektivs; wir arbeiten einander zu, erleben gemeinsame Erfolge oder setzen uns mit Mißerfolgen auseinander.

3. Das Erlebnis der sozialen Erfahrung, der Sympathie, des sich Fremdseins, des Voneinander-Lernens und den Horizont-Erweiterns sind Schwerpunkte dieses Bereichs.

4. Das Erlebnis, sich zu qualifizieren, Erfolg zu haben, Karriere zu machen, in eine Hierarchie eingebunden zu sein, den Status zu verändern. In diesen Erlebnisbereich gehört auch die Identifikation mit der Firma, mit ihrem Leitbild, mit ihrem Angebot auf dem Markt.

5. Schließlich beinhaltet jede Tätigkeit auch täglich neue Erlebnisse für den Körper, deren Lebenswichtigkeit sich oft erst herausstellt, wenn die Anforderung wegfällt.

Die hier vorgestellten Erlebnisbereiche sollen nun schwerpunktmäßig unter dem Aspekt des vorzeitigen Ausscheidens aus dem Arbeitsleben näher betrachtet werden. Auch gilt wieder die Feststellung, daß Menschen ungleich wahrnehmen, erleben und vermissen. So kann die Frage nach dem »Was nun?« nicht für alle gleich gestellt werden. Abgesehen von einer neuen Zeitstruktur, die wohl jeder der Betroffenen braucht, kann die Frage nach dem Wieviel an neuen Erlebnisquellen konkret erst nach der Biographiereise im nächsten Kapitel Beantwortung finden. Dort wird erst geklärt werden, wieviel von Kommunikation mit anderen, Einflußnahme, Zielorientierung oder geistiger Anregung das Lebenskonzept einfordert.

4.1. Erster Erlebnisbereich:
Die Uhr schlägt anders

Der erste Bereich ist durch das tägliche Erlebnis einer festen Zeitstruktur geprägt. Der Beruf nimmt wesentlichen Einfluß auf eine ordnende und wiederkehrende Gliederung des 24-Stunden-Budgets eines Tages. Der Ärger über den frühen Wecker wechselt sich mit der Vorfreude auf den Sonntag ab. Berufliche Termine blockieren private, Dienst- und Ferienreisen unterbrechen die eintönige Routine. Und schließlich kann man nur von »Feierabend« sprechen, wenn vorher und nachher Arbeit war. Dehnt sich der Feierabend erst über den ganzen Tag aus, so hat er bestimmt an Reiz verloren. Auch ein immerwährender Urlaub ist nur im Reiseprospekt verlockend.

Zu dieser ordenenden Funktion gehört auch das Wissen um den eigenen Rhythmus, der die Leistungsfähigkeit wesentlich beeinflußt. »Wann kann ich eigentlich welche Tätigkeit am besten, wann braucht mein Körper Essen und wann Schlaf? Und wie kann ich das zeitlich koordinieren mit fremdbestimmten Terminen?« Das war über die ganze Berufszeit hin die Frage, die gar nicht selbstbestimmt beantwortet werden konnte.

Der einzelne erhält die Impulse zur ordnenden Gliederung seines Tagesablaufs aus dem ihn umgebenden Umfeld, aus Arbeitsaufgaben und von anderen Menschen in der Firma. Sie stellen sich als Wünsche und Ansprüche von Vorgesetzten und Kollegen, als feststehende Regeln dar. Der Urlaub und selbst das Hobby muß dem angepaßt werden. Daraus entwickelt sich in aller Regel ein Rhythmus, in den auch die arbeitsfreie Zeit eingebunden ist. So entsteht das relativ feste Netz an Terminen im Tages- und Jahresablauf, das sich im Laufe des Lebens aus Zeit für eigene Bedürfnisse, vor allem aber aus Absprachen mit anderen und einzuhaltenden Verabredungen und festgelegten Zielen knüpft.

Herrn S. war nach seiner Kündigung von alldem nur noch wenig geblieben. Er brauchte nicht mehr pünktlich zu sein, niemand erwartete oder vermißte ihn im beruflichen Umfeld. Im privaten Bereich dagegen drang er in Zeitstrukturen ein, die ursprünglich ohne ihn konzipiert waren. Es fand sich kaum jemand für gemeinsame Unternehmungen. Alle hatten ihren eigenen Zeitplan, an dem er sonst auch nicht teilhatte. Das muß ihn auf der persönlichen Ebene getroffen und seine Person in Frage gestellt haben. Als ich mit ihm ein Gespräch führen wollte, fanden wir aber lange keinen Termin. Er hatte sich total verplant mit Dingen, die er zuvor während seiner Berufstätigkeit nebenher erledigt hatte. Sollten vielleicht aus der oben benannten Kränkung heraus die vielen Verabredungen entsprungen sein, die es mir fast unmöglich machten, ihn in absehbarer Zeit zu treffen? Nach seiner Kündigung müßte er doch vor allen anderen im Zeitwohlstand leben! Im Laufe des Textes werden wir eine Antwort finden. Vielleicht ist es wirklich die Zeit, die am hartnäckigsten auf den neuen Zustand hinweist. Die Zeit, die ihren Reiz auch dadurch erhielt, daß sie knapp war. »Zeitmanagement ist Selbstmanagement«, selbst im Ruhestand gilt diese wichtige Regel, die auch im Arbeitsleben oft nicht für wahr gehalten wird.

4.1.1. Den vertrauten Arbeitsort verlieren

Neben der gewohnten Zeitstruktur muß auch von einem Ort als gewohnter Arbeitsheimat Abschied genommen werden. Der Tag, an dem der Schreibtisch und die Werkbank geräumt wird, zeigt das nur überdeutlich. Ein letztes Mal werden die vertrauten Dinge sortiert, ein letztes Mal wird die Kantine betreten. Menschen, die keinen Raum ihr eigen nennen können, sind nicht nur psychisch heimatlos. Auch Raumverlust ist Lebensverlust. Obendrein fangen die privaten Räume einen noch nicht einmal auf. Lebt man allein, so ist die Wohnung plötzlich zu groß, zu still, zu sehr auf Freizeitbenutzung orientiert. Lebt man mit anderen, so sind sie anfänglich keineswegs über die ständige Anwesenheit erfreut. Binnen kurzer Zeit ist man sich überall im Weg. »Man müßte etliche Quadratmeter Raum dazubekommen als Prämie für das frühzeitige Ausscheiden«, mag manch einer sich wünschen.

Die verlorene Zeiteinteilung und das veränderte räumliche Umfeld sind daher auch die zentralsten und sichtbarsten Folgen der neuen Lebenssituation. Es fällt einem das Bild eines Mobile ein. Wird das Teilstück »Zeit« angestoßen, so reagieren auch die anderen Teilstücke des Systems Mensch auf das ganze System »Mensch«.

Diese aufgezwungene Zerstörung einer jahrelangen, festen Ordnung eingespielter Rhythmen, auch mit anderen, macht den Verlust als erstes deutlich. Wir wollen uns darum den Erlebnisbereich Zeit genauer anschauen, ehe wir uns anderen Erlebnisbereichen zuwenden.

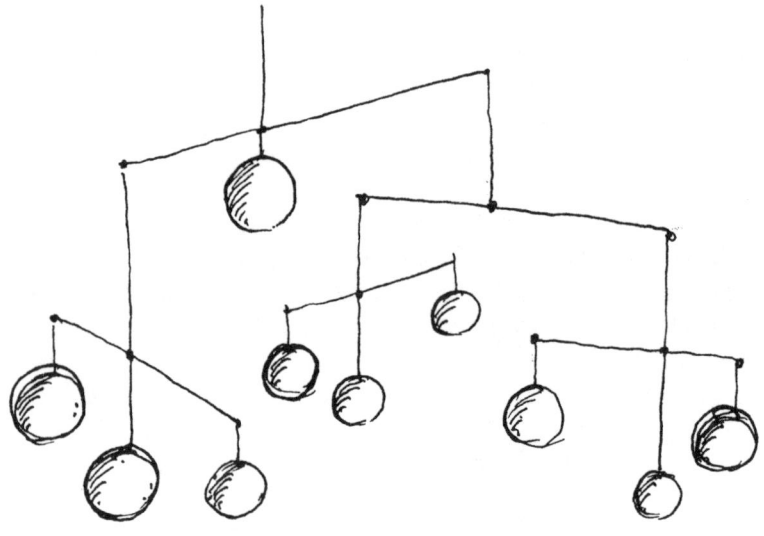

Abb. 3: Mobile

4.1.2. Zeit haben – Ausdruck veränderter Wirklichkeit

> Das Paradies allein ist der Ort,
> an dem alle Zeit aufgehoben ist.

Ohne Umschweife begann eine Klientin ihre erste Beratungsstunde so:
»Eigentlich ist daran erst alles so richtig sichtbar geworden: Da hat man
plötzlich nichtverplante Zeit. Keine Fremdbestimmung engt mehr ein,
aber man fühlt sich trotzdem nicht wie im Paradies. Mit der Zeit im Ver-
bund stimmt die übrige Organisation nicht mehr. Die Verläßlichkeit des
Rahmens – ob geliebt oder oft genug verwünscht – ist mit der Entlassung
dahin.«

Es ist kaum ein Jahr her, seit meine Gesprächspartnerin an einem
Fortbildungsseminar zum Thema »Zeitmanagement für Führungskräfte«
teilgenommen hatte. Damals wußte sie noch nichts vom so bald bevorste-
henden Ruhestand. Und so wollte sie noch einmal versuchen, diese
ewige Zeitknappheit, das häufige Hetzen und die vielen Termine in den
Griff zu bekommen.

»Zeit ist ein Ordnungsprinzip«, hatte man damals zu ihr gesagt, und
Zeiteinteilung sei das Grundkonzept für effektive Arbeit. Sie hatte gelernt, daß es dringende und wichtige Aufgaben gibt, und gelernt, die

einen von den anderen zu unterscheiden. Sie war mit Ratschlägen, zum Beispiel für Prioritätensetzung, nach Hause gekommen und mit dem guten Vorsatz, nie mehr zuzulassen, daß die heimlichen Zeitdiebe ihr etwas von diesem kostbaren Gut wegnahmen. Das war vor einem Jahr. Jetzt war alles anders. Nichts drückt die veränderte Wirklichkeit des Freigestelltseins so deutlich aus wie die veränderte Zeitwirklichkeit. »Der Wecker klingelt nicht mehr um sechs Uhr. Der Sieben-Uhr-Bus fährt ohne mich. Über den Flur flitzen, von einer Sitzung zur anderen oder in einem Stau stöhnen, wenn der Termin schon drängt, das tun nun die anderen«, so berichtet uns meine Gesprächspartnerin weiter und wirkt nicht zufriedener als vorher.

Es muß noch etwas anderes mit der Zeit auf sich haben, mit dem »Zeit haben«, »keine Zeit haben«, »Zeit haben wollen«.

Zeit ist ein Ordnungsprinzip, das wissen wir seit langem – denn immer schon hat in unseren Breiten die Zeiteinteilung den Rahmen für das Leben geboten. Schon ehe wir erwachsen werden, bestimmen Zeitstrukturen den Tages- und Jahreslauf. Als Kinder lernen wir, daß Müßiggang aller Laster Anfang sei und daß erst die Arbeit zu erledigen sei und dann das Vergnügen komme. Diese und ähnliche Sprüche haben wohl so manchen von uns ein Arbeits- und Zeitraster entwickeln lassen, das nur in seltenen Fällen dem Vergnügen mit gutem Gewissen und ohne umständliche Erklärungen noch Raum läßt.

Den Kleinkindern setzen Vater und Mutter den Rahmen, die Schulkinder geleitet ein Stunden- und Ferienplan durchs Jahr, nichts läutet so zuverlässig und unerbittlich wie eine Pausenglocke. Nur die Stechuhren in den Firmen kommen ihnen an Genauigkeit gleich, diese gehaßten, gefürchteten, abgeschafften und in jüngster Zeit wieder eingeführten Arbeitszeitmesser.

Selbst der »letzte Weg« hat seine Zeitbegrenzung. Dreißig lange oder kurze Minuten sind für die Trauerfeier eines Menschen eingeplant. Dann tritt die nächste Trauergesellschaft draußen ungeduldig von einem Fuß auf den anderen, jedenfalls in städtischen Großfriedhöfen, als ob sich hier noch ein letztes Mal die urbane Schnellebigkeit der Stadt spiegeln müßte.

Vor einigen Jahren hatte ich über einen längeren Zeitraum hin eine Abteilung einer Firma bei internen Konfliktlöseprozessen zu begleiten. Als ich kürzlich einen der Mitarbeiter traf und nach dem Ergehen fragte, hörte ich, daß der Chef seit langem einen übersichtlichen Schreibtisch habe und häufiger den Eindruck vermittle, als habe er nichts zu tun. Dem Chef und den Mitarbeitern schien es offenbar gut damit zu gehen. Aber mir selbst ging es nicht gut damit. Ich erwischte mich bei der Überlegung, was ich wohl in eine falsche Richtung moderiert hätte, wenn das Resultat ein Chef sei, der nicht überlastet wirkt. Aber schnell wurde mir klar, daß diese Deutung und Bewertung der Situation wohl eher ein Eigentor in Sachen Fleiß war. Auch mir ist es viel lieber, wenn ich beim Nichtstun nicht auch noch erwischt werde.

Aber zurück zu unseren Zeitantreibern: Aus anderem Blickwinkel betrachtet, sollen sie ja wenigstens im Konfliktfall äußerst nützlich sein. Dieses lehrte uns jedenfalls Henry Kissinger: »Gegen persönliche Krisen schützt man sich am besten durch einen vollen Terminkalender.« So kann das Eintauchen in allzu enge Zeitstrukturen ebenso wie das Abtauchen vor einer Auseinandersetzung – auch einer mit sich selbst – scheinbar von gutem Nutzen sein. Aber es gibt auch einfachere Gründe für Zeitknappheit. Unser Gesprächspartner von vorhin, mit dem ich keinen passenden Termin finden konnte, schien das fast intuitiv verstanden zu haben, und er schien sich zunächst einmal mit dieser Lösung zu arrangieren.

Entgegen allen psychologischen Deutungen macht aktiv und voll beschäftigt zu sein vielen Menschen einfach auch Spaß, und den wollen wir nicht schmälern. Daneben hat man häufig einfach zu viel zu tun, ohne alles pädagogische oder psychologische Wenn und Aber.

4.1.3. Zeit als Prestigeobjekt

Zeit ist bei weitem nicht nur ein Ordnungsprinzip, Zeit zu haben ist auch von jeher ein Zeichen gesellschaftlichen Ranges. Da ist allerdings ein Wandel vor sich gegangen. Was wir in alten Geschichten lesen oder den Erzählungen unserer Väter entnehmen, waren es immer die Damen und Herren der besseren Gesellschaft mit Status und hohem Ansehen, denen alle Zeit der Welt zur Verfügung stand, die allerlei Lustbarkeiten nachgingen, um sich diese Zeit zu vertreiben. So gesehen könnte der Frühentlassene in der arbeitslosen Situation ja nur an Prestige gewinnen. Aber dem ist nicht so, denn heute ist es eher umgekehrt: Wer etwas darstellt, hat keine Zeit. Wenig Zeit zu haben bedeutet offenbar hohen Marktwert. Technik und Werbung bestärken uns in diesem gesundheitsgefährdenden Weg.

– Wer ein Faxgerät zur Verfügung hat, kann den Postweg überspringen, die Antwort auf sein Schreiben sofort erhalten und wiederum prompt reagieren.

– Wer ein Handy hat, kann wandern, Auto fahren oder eine Wegstrecke zwischen zwei Tätigkeiten zurücklegen und ist gleichzeitig fernmündlich erreichbar oder kann seinerseits noch weitere Kontakte herstellen.

Das kann als Beispiel für die hohe Komplexität unseres Alltags dienen, die das »Zeithaben« als Zeichen von einem hohem Status ins Gegenteil verkehrt. Keine Zeit zu haben scheint heute ein besonders geschätztes Statussymbol zu sein. »Bin leider schon verabredet, wir kontakten mal!«, klingt wesentlich eindrucksvoller als die lapidare Mitteilung, daß man morgen sich schon sehen könnte.

Nicht überall auf der Welt hat Zeitknappheit so hohen Marktwert. Das Sprichwort von der Zeit, die Geld wert sei, gilt nicht für jedermann und schon gar nicht für jede Frau, wie wir allenthalben feststellen können, wenn nicht hier, dann um so häufiger in südlichen Ländern. Wenn auch ein großer Teil davon mit fehlender Arbeit zu tun hat, so hat der große Rest mit Mentalität und Bewertung von Zeit, Besitz und Befriedigung zu tun.

Ein Südseehäuptling hat bei den Europäern folgendes beobachtet und informiert seine Brüder so:

»Der Papalagi (so wird der weiße Europäer vom Südseehäuptling genannt. A. d. R.) ist immer unzufrieden mit seiner Zeit, und er klagt den großen Geist dafür an, daß er ihm nicht mehr davon gegeben hat. Ja, er lästert Gott und seine große Weisheit, indem er jeden Tag nach einem ganz festen Plan teilt und zerteilt. Er zerschneidet ihn gerade so, als führe man mit einem Buschmesser kreuz und quer durch eine weiche Kokosnuß. Alle Teile haben ihren Namen: Sekunde, Minute, Stunde. Die Sekunde ist kleiner als die Minute, diese kleiner als die Stunde, und man muß sechzig Minuten und noch viel mehr Sekunden haben, ehe man so viel hat wie eine Stunde. Es gibt in Europa nur wenige Menschen, die wirklich Zeit haben. Vielleicht gar keine. Deshalb rennen die meisten auch durchs Leben wie ein geworfener Stein. Fast alle sehen im Gehen zu Boden und schleudern die Arme weit von sich, um möglichst schnell voranzukommen. Wenn man sie anhält, rufen sie unwillig: ›Was mußt du mich stören; ich habe keine Zeit, sieh zu, daß du die deine ausnützt.‹ Sie tun gerade so, als ob ein Mensch, der schnell geht, mehr wert sei und tapferer als einer, der langsam geht.

Ich glaube, die Zeit entschlüpft ihm wie eine Schlange aus der nassen Hand, gerade weil er sie zu sehr festhält. Er läßt sie nicht zu sich kommen. Er jagt mit ausgestreckten Händen hinter ihr her, er gönnt ihr die Ruhe nicht, sich in der Sonne zu lagern. Sie soll immer ganz nahe sein, soll etwas singen und sagen. Die Zeit aber ist still und friedfertig und liebt die Ruhe und das breite Lagern auf der Matte. Der Papalagi hat die Zeit nicht erkannt, er versteht sie nicht, und darum mißhandelt er sie.«[10] So endet der uns so fremde Häuptling.

Wir aber sind weder in die Südsee noch in ein anderes Zeitalter versetzt. Wir sind – nur – in den Frühruhestand versetzt. Wir brauchen weiterhin eine zeitliche Orientierung, und auf Prestige wollen wir eigentlich auch nicht verzichten. Letzteres ist zum Glück nicht nur an der Zeit ablesbar, aber dummerweise auch an ihr. Beides soll in der Zukunftsgestaltung wieder Beachtung finden.

4.1.4. Tagesabläufe – verzögert und versetzt

Vor einigen Jahren gründete sich in Klagenfurt ein »Verein zur Verzögerung der Zeit«. Die Mitglieder wollten aus der Welt des »rasenden Stillstands« aussteigen, so der von dem französischen Architekten Paul Virilio geprägte Begriff. Ihr Ziel ist die bewußte Förderung einer eigenen Zeitorganisation, die sich in Anpassung an die biologischen Rhythmen vollzieht. Auch wollen sie sich konsequent gegen die Eingriffe in die Tag-Nacht-Balance wehren. Inzwischen treffen sich in mehreren Ländern Gruppen, die diese Langsamkeit trainieren.

Die angestrebten Ziele werden im Berufs- und Arbeitsleben vielleicht begeisterte Anhänger finden, aber wenig Umsetzungsakzeptanz. Ohne gleich in diesen Verein einzutreten, sollte der Impuls, der hier gegeben wird, im Nachberufsleben ernsthaft überdacht werden, wenn man dem biologischen Rhythmus näher kommen will. Die in Kap. 4.1.7 vorgeschlagenen Übungen können dabei helfen.

Noch ein zweiter Verein trat jüngst an die Öffentlichkeit: »Delta t, Verein für Zeitnormale« nennt er sich. Was ein wenig seltsam klingt, hat ein ernstes Anliegen: den Kampf gegen die Ächtung von Spätaufstehern. »Delta t« ist das physikalische Zeichen für die Zeitdifferenz. In diesem Fall sind es die Stunden, die ein Langschläfer – nach Ansicht der Frühaufsteher – zu spät aufsteht. Die Vereinsmitglieder protestieren mit ihrem Konzept gegen eine Ausgrenzung, die ihnen widerfährt: Man hält sie für Spinner oder Faulenzer. Hier bei uns geht es aber um die ganz normalen Zeitverbraucher, denen aus einer festen Struktur, die sie mit anderen teilen, die Arbeit herausgeschnitten wurde.

4.1.5. Wenn es nur die paar Stunden wären

Aus einer neueren Statistik geht hervor, daß normale Arbeiter ihre Zeit folgendermaßen einteilen:

Arbeit 27 %
Schlafen 30 %
Freizeit 18 %
Essen und Trinken 12,5 %
Häusliche Belange 12,5 %

Nur Freiberufler, Selbstständige und alle angestellten Teilautonomen, das fahrende Volk der Berater, häufig allerdings auch Führungskräfte, passen nicht in diesen Rahmen – und natürlich auch die Frühpensionäre. Haben sie den Angestellten etwas voraus, oder neiden sie diesen gar die formale Regelmäßigkeit?

Für alle anderen wäre es ja nur wenig mehr als ein Viertel aller verfügbaren Zeit, die es nach Beendigung des Berufes neu zu füllen gälte. So ein paar Stunden, kann denn das so wesentlich sein? Aber wenn Arbeit nicht mehr Arbeit ist, ist Freizeit nicht mehr Freizeit, ist selbst Schlaf von anderer Wertigkeit.

Mußestunden sind ein Gegenstück zu Arbeitsstunden, nicht deren Ersatz! Ein Teil ihres Reizes besteht aus ihrer Knappheit.

Herr J. hat vor kurzem seinen Arbeitsplatz aufgeben müssen und äußert sich so: »Das frühe Aufstehen bin ich nun von Kindheit an gewöhnt, ich wuchs auf dem Land auf. Die anderen höre ich jeden Morgen weggehen. Die Türen schlagen, die Autos springen an, alle gehen los . . ., nur ich nicht. Das ist schon ein eigenartiges Gefühl.« Der Luxus des Ausschlafens, den Berufstätige so ersehnen, hat ihm – und anderen Befragten – schon nach wenigen Wochen nichts mehr bedeutet.

Frau H. berichtet von sich und ihrem Mann, einem Ruheständler: »Wir bummeln so richtig faul in den Tag, trinken gemütlich im Bett Tee, ein wohliges Gefühl . . . So um halb zehn geht's dann los mit dem richtigen Frühstück, erzählen, Post lesen und so . . . «, höre ich von meiner Gesprächspartnerin. Nur das wohlige Gefühl, von dem sie spricht, kommt bei mir als Zuhörerin nicht an, fast als müßten sie sich selbst zum Bummeln überreden und im Genießen bestätigen.

Es ist viel Zeit da, wenn es keinen Arbeitsplatz mehr gibt – aber mit Freizeit haben diese vielen Stunden wenig zu tun.

4.1.6. Die lange, leere Zeit

Zu Beginn der 30er Jahre, sehr unter dem Einfluß damaliger extrem hoher Arbeitslosenzahlen, veröffentlichten Jahoda, Lazarsfeld und Zeisel das im Überblick schon erwähnte Buch *Die Arbeitslosen von Marienthal*, heute ein Klassiker der soziologischen Literatur. Dies ist besonders beachtlich, weil es 1933 erschien und nur sehr kurze Zeit auf dem Markt war, ehe es der Bücherverbrennung durch die Nazis zum Opfer fiel. Die Autoren beschreiben eindrucksvoll den Zerfall des Zeitgefühls bei nicht mehr beruflich Beschäftigten.

»Die lange, leere Zeit« nennen sie es, und einige Auszüge aus dem Kapitel »Die Zeit« mögen illustrieren, was gemeint ist. Sie schreiben: »Wer sich erinnert, mit welcher Zähigkeit um die Verlängerung der Freizeit gekämpft wurde, der könnte meinen, daß die unbegrenzte freie Zeit für den Menschen erst recht ein Gewinn sei. Aber bei näherem Zusehen erweist sich diese Freizeit als tragisches Geschenk. Losgelöst von ihrer Arbeit und ohne Kontakt mit der Außenwelt, haben die Arbeiter die materiellen und moralischen Möglichkeiten eingebüßt, die Zeit zu verwenden. Sie, die sich nicht mehr beeilen müssen, beginnen auch nichts mehr. Sie gleiten allmählich ab aus einer geregelten Existenz ins Ungebundene und Leere. Wenn sie Rückschau halten über einen Abschnitt dieser berufslosen Zeit, dann will ihnen nichts einfallen, was der Mühe wert wäre, erzählt zu werden. Nichts mehr muß schnell gehen, die Menschen verlernen, sich zu beeilen. Nicht einmal die wenigen Termine, die es noch gibt, werden genau eingehalten. Denn Pünktlichkeit hat jeden Sinn verloren, wenn nichts auf der Welt mehr unbedingt geschehen muß. Dies trifft besonders für Männer zu.«

Diese Situation wurde vor rund 60 Jahren beobachtet, aber sie hat heute nichts an Aussagekraft verloren. Weiter heißt es: »Ein großer Teil der Männer bleibt z. B. zumindestens zweimal stehen, wenn er auf dem Weg zu einer Besorgung ist, ohne ersichtlichen Grund, nur so.«[11]

Der Unterschied gegenüber den Frauen fällt auf: Sie haben, wie wir noch sehen werden, erheblich weniger ungefüllte Zeit. Sieht man den Frauen bei der Arbeit zu, die sie jetzt ausfüllt, dann scheint es kaum begreiflich, daß sie das früher nur nebenbei nach achtstündiger Arbeit geleistet haben. Wohl war damals die Wirtschaftsführung durch die Beschränkung der finanziellen Mittel als Folge der Arbeitslosigkeit schwieriger und zeitraubender als zu Zeiten mit Arbeit, aber trotzdem war die rein physische Anstrengung ehemals ungleich höher. In fast allen

Frauenbiographien dieser Jahre wird berichtet, daß man früher bis in die späte Nacht hinein nach der Arbeit gewirtschaftet hat. Aber fast in allen Frauenbiographien kommt dann doch der Satz:»Wenn ich nur wieder in die Arbeit könnte«. Als rein materieller Wunsch wäre das nicht weiter erstaunlich, aber die Frauen fügen hinzu:»Auch wenn ich vom Geld absehe, ich brauche das einfach, kann gar nicht so genau sagen warum, aber es fehlt mehr als Geld.«

Auch die Frauen, die auf gar keinen Fall an ihren Arbeitsplatz zurückwollen, sind sich doch sicher darüber, daß vor allem das Arbeitsfeld ihren Lebensraum erweitert hat und ihnen soziale Kontakte ermöglichte, die sie jetzt entbehren, aber sie finden leichter selbst auferlegte Pflichten, die zunächst Planung und Pünktlichkeit wieder erforderlich machen, die auch wieder Kontakte schaffen und dem Leben eine weitere Zielrichtung geben. Ein Zeitzerfall, wie man ihn bei Männern findet, läßt sich bei Frauen, wie man sieht, weniger nachweisen.

Die Beobachtungen Jahodas in den 20er Jahren mögen für uns auf weite Strecken nicht zutreffen: In der damaligen Situation gab es kaum eine Rente, auf Vermögen konnte diese Bevölkerungsgruppe nicht zurückgreifen, wenige kulturelle Angebote gaben Impulse, es gab keine Beratungs- und Selbsthilfenetze, Fürsorge war nur für die Bedürftigsten vorgesehen. Darüber hinaus war Freizeitgestaltung, wie wir sie heute kennen, aus vielerlei Zwängen heraus gar nicht möglich und weitgehend unbekannt für die gesellschaftliche Schicht, die von Arbeitslosigkeit betroffen war. Heutige Menschen, die nicht im Arbeitsprozeß stehen, haben gegenüber den Standards von 1925 ein hohes Maß an Sicherheit und Entscheidungsspielraum, in aller Regel auch finanzielle Mittel. Ihr Gesundheitszustand ist viel besser, ihre Lebenserwartung um viele Jahre höher. Das macht die Situation besser und schwieriger zugleich. Was aber gewiß auch heute zutrifft, ist die Tatsache, daß der Mensch einen festen Rahmen braucht. Wenn dieser Rahmen nicht mehr Arbeitsplatz heißt, wie heißt er dann?

Die Arbeitslosen von Marienthal reagierten überwiegend mit Resignation. Für eine Revolution fehlten Mut, Kraft und ein gutes Konzept, ebenso wie der Markt für selbstentwickelte Tätigkeitsfelder nicht vorhanden war. Den letzten historischen Beweis für diese Tatsache lieferte Adolf Hitler, der diese Resignation als seine Chance nutzte. Der damals in großem Stil begonnene Autobahnbau war auch möglich durch die vielen resignierten Menschen ohne Arbeit, die dort eine Chance zum Überleben bekamen.

Frühpensionäre heute jedoch wollen nicht überleben, sie wollen leben.

Die Überlegungen zum veränderten Zeitrahmen und seine Konsequenz haben einen breiteren Raum eingenommen als die nun folgenden Bereiche, die darum nicht weniger eindrücklich den Alltag verändern.

4.1.7. Eigenübungen zur Einstimmung auf einen neuen Rhythmus

Versuchen Sie einmal, folgende Anregungen auszuprobieren:

1. Übung

Versuchen Sie einen Tag lang, einen ganz normalen Wochentag, in Ihrem Heimatort in und um Ihre Wohnung herum zu leben, indem Sie Ihren spontanen Impulsen nachgeben. Keinen Plan machen! Geben Sie einfach Ihren Impulsen nach, tun Sie, was Ihnen einfällt, zwingen Sie sich zu nichts, bewerten Sie die Impulse nicht, ehe Sie ihnen nachgeben. Verbieten Sie sich nichts, es sei denn, es schadet Ihnen auf Dauer. Wenn Impulse kommen, die, einer inneren Stimme gleich, Sie verführen oder ausbremsen wollen, schauen Sie genau hin, wer sich da einmischen will. Geben Sie freundliche Antwort auf die Ratschläge, Forderungen, Vorschläge, wenn Sie können, aber folgen Sie ihnen nicht.

Gestalten Sie den Tag ganz nach Ihren Impulsen, und tun Sie das so lange Sie können, möglichst bis in die Nacht hinein.

Dann lassen Sie den Tag Revue passieren:
- Welchen Impulsen sind Sie nachgegangen, und wie war es, sie zu leben?
- Was davon würden Sie länger oder immer wollen? Wie Ihren Tagesplan ändern?
- Könnten Sie das längere Zeit aushalten?
- Wie haben Sie Ihren Rhythmus von wach und müde, schlaff und energievoll, im Kontakt mit anderem und allein, geistige oder körperliche Arbeit verrichtend, nachgegeben?
- Was soll auf keinen Fall zur Regel werden?
- Was wollen Sie einüben und ausprobieren?
- Wer müßte mitmachen, damit es gelingt?

Wenn Sie die Übung beim ersten Mal nicht durchhalten konnten, so probieren Sie sie an einem anderen Tag neu. Vielleicht müssen Sie sie sowieso in zeitlichen Abständen neu probieren.

Geben Sie Ihrem individuellen Rhythmus Zeit und Gelegenheit, zu Ihnen zurückzukehren. Er wird sich nicht auf Kommando einstellen. Aber je mehr man lernt, seinen eigenen Rhythmus zu finden und zu leben, um so weniger gerät man in einen fremden Takt, in dem man sich dann schnell hin- und hergeworfen vorkommt und der in aller Regel zuviel Kraft kostet. Während Ihrer Berufstätigkeit gab es dafür Gelegenheiten und Gründe genug. Jetzt auch noch?

2. Übung
Versuchen Sie einen Tag lang nichts zu tun. Nichts. Nicht lesen, fernsehen oder Radio hören, nicht telefonieren, kochen, waschen, schreiben und nicht bei den Nachbarn klingeln. Auch nicht schlafen, allenfalls einen Spaziergang machen, etwas essen. Nehmen Sie genau wahr, und versuchen Sie auch, es zu behalten, was Sie jetzt gern tun würden oder eigentlich müßten.

Überfordern Sie sich nicht; Sie können auch abbrechen und es ein anderes Mal aufs neue probieren.

Wach werden für sich selber und für das Füllen Ihrer Zeit, könnte das Resultat dieser Mühe sein. Die tägliche Wirklichkeit setzt sich aus Zeitabschnitten zusammen – so haben wir es an anderer Stelle beschrieben –, die ein Tageslauf ohne Beruf neu kreieren muß. Dies könnte ein Baustein dazu sein.

3. Übung
Tun Sie Ihre ganz normalen Tätigkeiten des Tages wie sonst, aber tun Sie sie langsamer und vor allem bewußter als sonst. Seien Sie Ihre eigene Zeitverzögerungsmaschine, schenken Sie allen Teilabschnitten Ihrer Aktivitäten hohe Aufmerksamkeit, und beobachten Sie, was geschieht. Achten Sie ganz besonders darauf, welche Beziehung Sie eigentlich zu den verschiedenen Tätigkeiten haben
– Was strengt Sie an?
– Was macht Sie ungeduldig?
– Was entspannt?
– Wobei erleben Sie sich als Meister, wobei als Knecht?

4. Übung
1. Legen Sie eine Wegstrecke von 100 m in dreißig Minuten zurück!
2. Legen Sie die gleichen 100 m zurück, so schnell Sie können.
3. Und nun suchen Sie das Tempo, in dem es Ihnen angenehm ist, 100 m

zurückzulegen und nach diesen 100 m noch für viele 100 m gut motiviert zu sein.

5. *Übung*

Hierfür brauchen Sie jemanden, der Ihnen hilft:

Setzen Sie sich zusammen. Schließen Sie die Augen, um sie für zwei Minuten nicht zu öffnen. Ihr Gegenüber sagt Ihnen den Zeitpunkt des Beginns und schaut auf die Uhr: 2 × 60 Sekunden.

Dann läßt er einen leichten Gegenstand, ein Tuch oder was Sie sonst vorher verabredet haben, leise auf den Boden fallen.

Liegt das Tuch schon da, wenn Sie die Augen öffnen, dann geht Ihre innere Uhr zu langsam, gemessen an einer Normaluhr.

Liegt das Tuch dagegen noch nicht da, so geht Ihre Uhr zu rasch.

Zwei Minuten – jeder Mensch hat davon 30 in einer Stunde, 720 an einem Tag. Nichts ist so gleichmäßig an die Menschen verteilt wie die Zeit.

Wie wollen Sie Ihre Minuten füllen, nachdem Sie nun keine davon mehr an einen Arbeitgeber verkaufen?

4.2. Zweiter Erlebnisbereich: Ich bin ein Teil des Ganzen

Verlassen wir nun die Rahmenbedingungen Zeit und wenden uns dem *zweiten Erlebnisbereich* zu, in dem es um die *Erfahrung des Dazugehörens*, der Arbeitsteilung mit anderen, um gegenseitige Absprachen und um Aufeinander-Angewiesensein, Sich-gegenseitig-Ergänzen geht. Man ist Teil des Ganzen, die Art und Weise der Zusammenarbeit bestimmt das Arbeitsergebnis.

Aus immer neuen Kontakten und Konstellationen, aus Ich und Du und Du wächst Wir, und es ist die gemeinsame Sache, es sind die gemeinsamen Aufgaben, an denen Menschen tätig sind, auf die sie befriedigt schauen, an denen sie sich reiben. Aber Reibung erzeugt bekanntlich Wärme, Nestwärme, Stallgeruch!

Für Herrn S., den wir bereits im ersten Erlebnisbereich kennengelernt haben, war nicht nur der Zeitrahmen zerstört, ihm war das Wir der Kollegen genommen. Er hatte niemanden mehr, der mit ihm kooperieren wollte oder mußte.»Es war ganz entscheidend für mich, meine Kollegen jeden Tag zu sehen. Da fragte man schon, wenn jemand fehlte. Jetzt fehle ich, und zwar für immer. Aber das wird nur aus meiner Sicht so sein. Ob die noch an mich denken? Ich jedenfalls habe niemanden mehr, arbeitsmäßig meine ich, zu dem ich jetzt gehöre.«

Über die nicht enden wollenden Monologe seines Kollegen brauchte er sich nun auch nicht mehr zu ärgern. Aber er brauchte auch keine Angst mehr vor Kritik zu haben. Die kommt nur noch von seiner Frau. Den dominanten Chef, der alles Interessante an sich riß, war er zum Glück auch los. Aber man kann sich auch nicht mehr als eine Arbeitsgruppe gegen ihn auflehnen.

Lächerlich? Aber offensichtlich scheint es ihm doch zu fehlen. Das ist so, weil es die Freuden der Kooperation und die Leiden an der Konkurrenz eben nur im Doppelpack gibt! So war ihm auch die schöne Spannung genommen, die er immer dann spürte, wenn es um das Erstellen einer neuen Arbeits- oder Produktvariante ging, an der er beteiligt war. Um Kooperation und Interaktion geht es also in dem zweiten Erlebnisbereich, um dieses oben beschriebene Gefühl, ein Teil des Ganzen zu sein, in maßgeblicher Position dazuzugehören, welches sich aus vielen Einzelaspekten zusammensetzt:

- das Verständnis und die Absprache untereinander über das zu erreichende Ziel;
- das Aufspüren unterschiedlicher Fähigkeiten der Mitglieder und ihre optimale Nutzung;
- die partizipative Führung, die auch andere ans Ruder kommen läßt;
- die Bereitschaft, das Vorgehen aller kritisch zu überprüfen und sich gegenseitig Rückmeldung zu geben;
- voneinander zu lernen und schließlich auch, den anstehenden Konflikten nicht aus dem Wege zu gehen. Hier ist man beteiligt daran, daß eine Gruppe als Arbeitseinheit funktioniert.

Das »Wir« des Herrn S. bestand nur noch aus ihm und seiner Frau und bot, da es tagesfüllend und ungeübt war, zwar vielfältige Erprobungen der Zusammenarbeit, aber die schöne Erfahrung des Zusammenspiels wollte sich dennoch nicht einstellen.

Auch blieb in der neuen Situation die Frage offen, wer denn jetzt die anderen seien. Mit dem Wegfallen der beruflichen Gruppenzugehörigkeit fällt man nicht nur aus der Balance zwischen Zusammensein mit anderen und Alleinsein, man verliert auch andere Menschen als ernstzunehmende Gegenüber.

Das Ereignis des Dazugehörens ist von Anfang an Teil jedes Lebens und zieht sich auch durch die Berufstätigkeit. Ebenso ist es mit dem Erlebnis des Nicht-Dazugehörens. Von früher Kindheit an gibt es ein Ich und die anderen, vor allem aber ein Wir und die anderen. Mit Kind und Mutter nimmt das Erlebnis des Wir in der Regel seinen Anfang:

Wir, Mutter und Kind.
Wir, Mutter, Vater und Kind.
Wir, die Familie.
Wir, die Kindergartengruppe, die Geschwister.

So entfaltet sich das Wir als Ausdruck des Dazugehörens. Gruppe und Arbeitsteams nehmen den Menschen auf und beheimaten ihn, so, wie man in seinem Club, in seinem Verein, in seiner Familie eine soziale Heimat findet. Nun ist nicht jeder Mensch gleich ein Gruppenmensch. Dem einen ist seine Zweisamkeit mit einem Partner oder einer interessanten Tätigkeit durchaus genug, dem anderen kommt Alleinsein schnell wie verpaßtes Leben vor. So ist auch das Verlusterlebnis, dem Menschen begegnen, wenn sie nicht mehr im Beruf dazugehören, von unterschiedlich starker Natur. Aber ohne ein gewisses Grundmaß an Beziehung und Kontaktgelegenheit kann niemand gesund überleben. So wird es wieder Ihre ganz eigene Arbeit sein, herauszufinden, wie stark Ihr Bedürfnis in diesem Erlebnisbereich ist.

4.2.1. Eigenübung: Erfahrungen des Dazugehörens

Wenn Sie mögen, so beginnen Sie recht früh in Ihrer Biographie und listen einfach alle Gruppen auf, zu denen Sie sagen: »Hier gehörte ich dazu.«
 Wenn Sie herausfinden wollen, wo Sie selbst Ihre soziale Heimat haben, so schreiben Sie Ihren Namen in die Mitte eines nicht zu kleinen Papiers und ordnen Ihre Gruppen darum herum an: In welchen Gruppen können oder wollen Sie jetzt nicht mehr Mitglied oder Leiter sein, und wie gleichen Sie den Verlust an Einfluß aus? Schauen Sie auf die restlichen Teile Ihrer Aktivitäten zusammen mit anderen. Reichen diese aus, um Ihr Bedürfnis nach Führung und nach Mitmachen in eine für Sie optimale Ausgewogenheit zu bringen? Wo könnten Sie neue Aktivitäten finden, die Ihnen von den Menschen und vom Inhalt her zusagen? Dies bedarf einer aktiven Anstrengung, die sich lohnt.

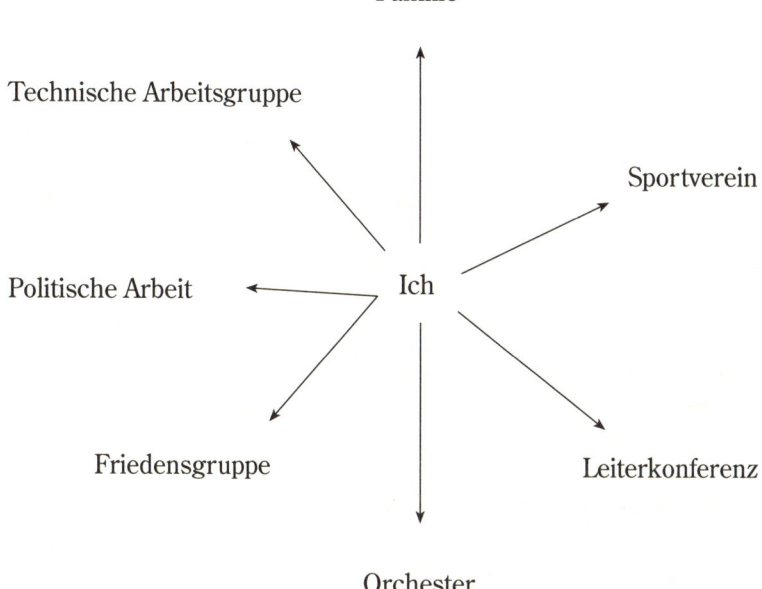

Familie

Technische Arbeitsgruppe

Sportverein

Politische Arbeit

Ich

Friedensgruppe

Leiterkonferenz

Orchester

Abb. 4: Erfahrungen des Dazugehörens

4.3. Dritter Erlebnisbereich: Soziale Kontakte – soziale Erfahrungen

Im dritten Erlebnisbereich sind wir Mensch unter Menschen. Wir können hier mitreden, können uns aufregen über die anderen oder Anregungen empfangen. Man mag mich und freut sich auf mich. Mit anderen wiederum komme ich nicht zurecht und sie nicht mit mir. Wie dem auch sei, ich bin dabei. Obwohl es selten so ausgesprochen wird, aber Menschen zieht es auch an den Arbeitsplatz, um Menschen zu sehen.

Mit dem Ruhestand wird man von all diesen Menschen abgekoppelt. Der Zug fährt in eine andere Richtung. Wir müssen keine Rechte mehr verteidigen, es kann keine positiven Überraschungen mehr geben.

Man ist nicht mehr Teil eines Teams. Die freundschaftlichen Kontakte, die sich während der Arbeit wie von selbst ergaben, tangieren uns nicht mehr. Auch wenn viele Kontakte auf den Arbeitsbereich begrenzt blieben, so zeigt sich bei näherem Hinschauen doch, daß auch Bekanntschaften und Freundschaften entstanden sind. Gegenseitige Abgrenzungen fanden statt und regten dazu an, den eigenen Standpunkt zu überprüfen. Man lernte Probleme und Freuden anderer kennen, mußte sich mit anderen Konzepten der Lebensgestaltung auseinandersetzen, sich daran messen und davon lernen. Wie machen andere es zum Beispiel mit den Kindern im Urlaub, wie wohnen die anderen, wie füllen sie ihre Freizeit? Man gibt sich gegenseitig unbewußt ein Feedback, man muß seine eigene Lebensweise reflektieren und anpassen. Gespräche führen mit anderen Menschen, das ist das tägliche Brot im Arbeitsalltag, und nicht nur das Sachliche. Das füllte einen großen Teil der Zeit aus. Mit wem führt man jetzt Gespräche?

»Immer sachlich bleiben«, das hat man sich jeden Tag von neuem vorgenommen. Wer kann das schon, die menschliche Ebene einfach ausschalten? Wenn's gut läuft, arbeiten wir Jahr um Jahr mit den gleichen Leuten. Nur mit dem Partner sind wir öfter zusammen als mit den Kolleginnen und Kollegen. Aber das auch nur, wenn's gut läuft. Es würde gar nicht mit rechten Dingen zugehen, wenn nicht gerade im Berufsalltag die eigentlichen Drahtzieher Sympathie und Antipathie hießen. Sie sind diejenigen, die letztlich die scheinbar sachlichen Entscheidungen tragen – oder boykottieren.

Von diesem Erlebnisbereich abgeschnitten zu werden tut weh! Aus der Position des frühzeitig aus dem Arbeitsleben Ausgeschiedenen scheint es ungleich schwieriger, wieder neue Partner zu finden, auch schwieriger, solche Freundschaften aufzubauen, bei denen man sich gegenseitig Stütze und Korrektiv, Konkurrent und Kollege zugleich ist. Und sagen Sie nicht, ich brauch das nicht mehr! Das mag ja zunächst eine befreiende Aussage sein, aber ist es nicht ebenso legitim, auch im neuen Lebensabschnitt mitbestimmen und mitgestalten zu wollen, sich von anderen Anerkennung zu wünschen und ein wenig an der Macht teilzuhaben?

Wo war zum Beispiel für Herrn S., den gesunden 55jährigen, die zwischenmenschliche Herausforderung, die er so liebte, das Lob, das ihn aufbaute? Woran konnte er jetzt messen, wie beliebt er war, ganz abgesehen von seinem Können, das nun ungenutzt blieb. Die fachliche Kompetenz ist darum eines der Stichworte für den folgenden Bereich.

4.3.1. Eigenübung: Einschätzung des Verhaltens auf zwischenmenschlicher Ebene

Hinter dieser Übung steht die Frage nach persönlichen Eigenschaften und Verhaltensweisen, die auf der sozialen Ebene im Beruf eine Rolle spielten, besonders hilfreich waren oder eher als hinderlich galten. Manche davon, häufig besonders prägende, konnten im Beruf nur unbefriedigend zum Einsatz kommen. Weiterhin stellt sich die Frage, für welche Eigenschaften und Verhaltensweisen in der Zukunft ein neues Betätigungsfeld gegeben sein soll. Diese Übung soll *Tütenübung* heißen, weil Sie sich am besten zunächst eine kleine Papiertüte basteln oder besorgen und zwölf bis zwanzig schmale Kärtchen.

1. Schreiben Sie auf jedes dieser Kärtchen, mindestens aber auf zwölf, jeweils eine Eigenschaft oder eine Verhaltensweise, die als für Sie typisch gilt, ohne die Sie nicht Sie selbst wären.

2. Gewichten Sie nun die Kärtchen: Welche der Eigenschaften ist für Sie selbst die wichtigste, ohne die Sie nicht mehr die gleiche Person wären, etwa so:
   a) Ich bin mutig.
   b) Ich bin fleißig.
   c) Ich werde leicht wütend.

3. Wie haben Ihre Eltern, Erzieher, andere wichtige Personen Ihre Verhaltensweisen bewertet? Wofür wurden Sie gelobt oder bestraft? Was wurde von wem gefördert?
   Versuchen Sie diese Bewertungen aus Ihrer eigenen Sicht heute noch einmal zu überprüfen. Gegebenfalls müssen Sie sich von früh erlebten Einschränkungen jetzt endlich befreien!

4. Welche der aufgelisteten Dinge konnten Sie in Ihrem Beruf gut anwenden und einsetzen? Was wurde an Ihnen besonders geschätzt? Diese kleben Sie nun außen *auf die Tüte*!
   Die nicht so gefragten Eigenschaften dagegen, die im Beruf nicht genügend zum Einsatz kommen konnten, die wenig genutzt blieben, die legen Sie *in die Tüte*. Lassen Sie die Tüte eventuell einige Zeit liegen, und schauen Sie dann noch einmal hinein.

Der letzte Schritt dieser Übung ist nun das Neuordnen:
Welche der Eigenschaften oder Verhaltensweisen, die außen auf Ihrer Tüte zu sehen sind, wollen Sie gern weiterhin im Einsatz sehen? Viel-

leicht schwebt Ihnen schon vor, welche Aktivität sich dafür anbietet. Sonst können Sie im späteren Kapitel »Das eigene Drehbuch weiterschreiben« hierauf zurückgreifen. Was jetzt nicht mehr so (lebens-)wichtig erscheint, gehört in die Tüte. So gilt es, zum Schluß nur noch in die Tüte hineinzuschauen, um dort verborgene Dinge ans Licht zu holen und Ihnen in der neuen Situation eine Chance zu geben. Übrigens: Diese Übung wird ergiebiger, wenn man sie mit anderen zusammen macht, mit Menschen in ähnlicher Situation. Das gegenseitige Hinschauen und Vergleichen fördert die Kreativität und den Ideenfluß bei allen Beteiligten.

4.4. Vierter Erlebnisbereich: Leitlinien und Erfolge

Dieser vierte Erlebnisbereich konfrontiert den arbeitenden Menschen mit dem Produkt seiner Arbeit. Die Leitbilder seiner Firma, das Produkt, das erstellt werden soll, die Dienstleistung, die bereitgestellt wird, tragen auch seine Handschrift. Je höher jemand in der Hierarchieleiter gestiegen ist, desto maßgeblicher ist er auch beteiligt an der Frage nach der Zukunft seiner Firma. Auch das Umfeld, in dem seine Firma – und er mit ihr – handelt und Stellung bezieht, kann ihm nicht gleichgültig sein. Er ist Repräsentant der Firma und vertritt deren Leitbild und ihre ethischen und politischen Prinzipien.

Mitarbeiter *identifizieren oder distanzieren* sich von diesen Zusammenhängen. Beides hat Wirkung auf deren persönlichen, faktischen Erfolg, es hat unter Umständen auch mit der aktuellen Entlassung zu tun. Je mehr die Mitarbeiter einbezogen werden in die Gestaltung und Verantwortung von Produkten, desto größer ist in aller Regel die Identifikation mit der Firma. In vielen Firmen hat man, was die Identifikation der Mitarbeitenden mit Firma und Produkt angeht, in den letzten Jahren neue Möglichkeiten der Mitentwicklung geschaffen. Aus dieser Identifikation herausgeworfen zu werden trifft um so härter.

Auf dieser vierte Erlebnisebene wird darum die Frage nach Leistung und nach Meßbarkeit von Leistung deutlich gestellt. Natürlich läßt es niemanden unberührt, wie man an den Erfolgen gemessen wird. Wie ist man mit meiner (Dienst-)Leistung zufrieden und wie ist sie sichtbar ist die Frage, die man sich in diesem Zusammenhang stellt?

Nicht immer trägt das Produkt am Ende die individuelle Handschrift jedes Mitarbeiters, aber immer ist darin auch dessen Anteil, ob aus der Buchhaltung, dem Einkauf oder dem Konstruktionsbüro, enthalten.

Hier verknüpft sich persönliches Interesse mit dem Interesse der Firma, in der man dieser Aufgabe nachgeht, man wirkt in das politische und wirtschaftliche Umfeld hinein, in dem Firma und Mitarbeiter stehen. Davon Abschied zu nehmen kann nicht leicht sein. Es sind viele Ebenen, auf denen man neue Tat-Sachen schaffen muß, um auf dieser weit verzweigten »Spielwiese des Lebens« wieder jemand zu sein.

Dies ist auch der Erlebnisbereich, der immer wieder nötigt, sich weiterzubilden und sich mit neuen Theorien zum Fachgebiet und mit neuen Erkenntnissen in der Praxis auseinanderzusetzen. Gerade rasante Entwicklung erfordert von Menschen in allen Berufen in hohem Maße die Fähigkeit, den Wissensstand aktuell zu halten.

Bücher und Veröffentlichungen liefern Denkanstöße und Diskutiermaterial wie auch Messen und Kongresse. Auch hier ist leicht zu verstehen, was früh aus dem Arbeitsleben Ausgeschiedene in Unruhe versetzt. Er kann ja weiterhin alle Informationsquellen wahrnehmen, aber wo ist jetzt sein Forum für Diskussionen, wo seine gedankliche Austauschbörse? Von der Ebene des Wissens fehlt der Weg und die Chance zur praktischen Umsetzung. Man könnte ja nun erst recht Fachzeitungen und Bücher lesen, Vorträge besuchen und sich auf dem laufenden halten, – aber mit welchem Ziel? Schließlich führt ja nur der Austausch mit anderen zu neuen Gedanken, vertieft das Gehörte, das Gelesene, und regt zu weiterführendem Interesse an. Das können Familie und Freundeskreis nur schwer auffangen, insbesondere wenn sie bis dato gar nicht einbezogen wurden. Bis jetzt floß ja der größere Teil der erworbenen Kenntnisse direkt in den Beruf zurück, war der Beruf doch der unmittelbare Anlaß für die Beschäftigung mit bestimmten Wissensgebieten und machte ein Fortkommen erst möglich.

Die nachberufliche Situation gibt guten Grund, neu darüber nachzudenken, was man jetzt zu seiner persönlichen Sache machen sollte.

4.4.1. Eigenübung:
Leitbilder umsetzen, Erfolge sehen

Erzählen Sie sich die Geschichte Ihrer Berufstätigkeit auf der Ebene der Inhalte, die Sie von Berufs wegen verfolgt haben. Welche Leitlinien haben Sie verfolgt, und welche Werte waren Ihnen dabei wichtig? Es geht hier um die Tätigkeiten, die Sie ausgefüllt haben, nicht darum, wer Sie gewesen sind.

Vielleicht beginnt diese Geschichte der Inhalte in Ihrem Leben am Anfang der Berufstätigkeit, vielleicht beginnt sie schon in der Schulzeit. Es stellen sich auf jeden Fall in jeder Phase Ihrer Tätigkeiten die gleichen Fragen:

– Woran hatten Sie vermehrt und länger anhaltend Interesse? Wodurch/durch wen ist es geweckt worden, und wie ist es wachgehalten worden?

– Gab es eine Kette oder einen roten Faden, an dem entlang sich für Sie interessante Fragestellungen, Sachbezüge oder Experimentierinhalte stellten?

– In welche Richtung haben Sie sich verändert in den unterschiedlichen Altersstufen beziehungsweise Berufsperioden?

– Auf welche moralischen/geistigen/geistlichen Werte ist es Ihnen schon immer angekommen? Was wollten Sie in Ehren halten, was fördern?

– Auf welche Dinge, die Ihr Leben inhaltlich ausmachen, wollen Sie auch nach Ihrem Ausscheiden nicht verzichten? Wo können Sie sich diese holen und wie weiterentwickeln?

Bei all diesen Fragen müßten Sie noch einmal genau prüfen, ob es Ihnen wirklich auf die oben genannten Inhalte ankam oder ob es in erster Linie Menschen sind, durch die Sie zu den Beschäftigungen mit den Dingen angeregt wurden. Dann wird das auch in dieser Lebensphase so bleiben, und es werden wieder in erster Linie Ihnen wichtige Menschen sein, die bei Ihnen Interessen wecken.

Auf welche Dinge, die Ihr Leben inhaltlich ausmachen, wollen Sie auch nach der Frühpensionierung nicht verzichten?

Wie lassen sich diese für Sie erhalten?

4.5. Fünfter Erlebnisbereich: Der Körper

Es klingt banal, aber Arbeit ist für jeden Berufstätigen einer der Hauptmotoren für die Aktivität des Körpers. Wir gehen, laufen, heben, benutzen die Kraft der Muskeln in vielfältiger Weise. Wir trainieren unser Gehirn und unser Gedächtnis. Wir sind auf gutes Hören und auf gutes Sehen angewiesen. Wir schärfen die Wahrnehmung und schulen täglich neu die taktilen Sinne. So wird der Körper zum wesentlichen Werkzeug des berufstätigen Menschen. Nur so weit, wie der Körper will, kann der Aktionsradius des Menschen reichen.

»Ich habe nun nichts mehr zu laufen und zu rennen und bin abends doch todmüde«, lautet die paradoxe Schilderung eines Betroffenen. »Sonst habe ich wenigstens gewußt, wovon ich abends müde bin«, ergänzt ein anderer. »Ich hatte mir viel zu viel vorgenommen für die Wochen nach meiner Entlassung«, berichtet eine Frau, »aber mein Körper streikte erst einmal. Ich wurde krank. Das war mir während vieler Jahre nicht passiert. Der Körper hat mich deutlicher als alles andere auf die Veränderung hingewiesen.« Ja, auch mit dem Körper muß ein neuer Pakt geschlossen werden. Ein anderes Aktionsfeld als der Beruf muß eine neue Balance von Anspannung, die dem Körper insgesamt etwas zumutet, und Entspannung, die den Körper wieder reguliert, herstellen.

4.5.1. Eigenübung:
Mit dem Körper neue Freundschaft schließen

Leider wird bei vielen beruflichen Tätigkeiten dem Körper wenig Aufmerksamkeit entgegengebracht. Einige Teile werden durch zu langes Sitzen oder andere Fehlhaltungen überbelastet. Andere Körperteile dagegen werden in schädigender Weise vernachlässigt. Die momentanen Arbeitstechniken und der oft herrschende Zeitdruck tragen weiterhin dazu bei, daß die Gesunderhaltung des Körpers vernachlässigt wird. Darum sollten wir dem aus diesen Zwängen freigestellten Körper zunächst eine Chance geben, verlorengegangene Beweglichkeit und ein Gespür für sich selbst wiederzuentdecken.

Drei einfache Übungen sollen hierzu dienen, die in den normalen Ablauf des Alltags eingebaut werden können. Sie brauchen keine Turnhalle einzurichten, und es ist kein Ersatz für den Sport, es ist lediglich ein neues

Aufmerksammachen auf elementare Funktionen: sich bewegen, atmen, sich spüren. Ich orientiere mich dabei an der Methode der Eutonie, wie M. Kjellrup [12] sie beschreibt, die davon ausgeht, daß der Körper in eine wohltuende Spannung und einen gesunden Rhythmus gebracht werden soll. Das geschieht durch minimale, aber bewußte Bewegung, nicht durch einen Kraftakt.

1. Wahrnehmende Berührung

Sie können dabei im Bett oder auf dem Boden liegen.

Fühlen Sie langsam-anfangend bei den Fersen, bis zum Bereich des Hinterkopfes, Ihren Körper durch. Einfach nur in Gedanken an die entsprechenden Stellen gehen. Erkunden Sie, was Sie spüren! Fühlen Sie möglichst intensiv Stück für Stück die Berührung mit der sicheren festen Bodenfläche. Sie werden feststellen, daß manche Teile den Boden fest berühren, andere weniger fest oder gar nicht. Beobachten Sie auch den Abstand Ihrer Arme und Beine vom Körper. Ihre Haut berührt Ihre Kleidung oder die Luft. Im Freien spüren Sie die verschiedenen Stärken des Windes, milde warme und weiche oder rauhe Luft, Kälte oder Regen. Ob und wie die Haut die Berührung mit der Umgebung empfindet, ist äußerst wichtig. Die Haut ist leichter zu beeinflussen als andere Körperorgane, und die Berührung der Haut ist für die Spannungsregulierung innerhalb des Körpers von viel größerer Bedeutung, als allgemein angenommen wird.

Dann drehen Sie den rechten Fuß sehr langsam, so daß die große Zehe zuerst gerade zur Decke zeigt, dann weiter in Richtung des anderen Beines. Machen Sie diese minimale Bewegung so langsam wie nur möglich, um bewußt jede kleinste Veränderung in der Bewegung miterleben zu können. Mit derselben Aufmerksamkeit folgen Sie der Bewegung des Fußes nach außen, bis die kleine Zehe den Boden beinahe berührt. Wenn es Ihnen gelingt, sich zu konzentrieren, werden Sie erstaunt sein, was sich alles spüren läßt. Machen Sie diese Übung erst drei- bis viermal mit dem rechten Bein, aber sehr sehr langsam. Dann vergleichen Sie Ihre beiden Beine. Haben Sie intensiv gearbeitet, werden Sie einen Unterschied zwischen beiden Beinen spüren. Dann wiederholen Sie die Übung mit dem linken Bein, und vergleichen Sie wieder.

Lassen Sie nun das rechte Knie wie von einem unsichtbaren Faden langsam hochziehen, bis die Fußsohle fest am Boden steht. Wichtig ist, das Bein nicht aktiv aufzustellen oder hochzuheben, sondern es wie von der Kniescheibe heben zu lassen. Der Fuß bleibt immer in Berührung mit dem Boden. Genauso »lassen« Sie sich das linke Bein »hochziehen«. Vielleicht ist es eine ganz neue Erfahrung für Sie, durch so eine minimale Bewegung so deutlich die Länge und Breite Ihres Rückens zu erleben.

2. Innenraumerfahrungen

Am einfachsten ist es, mit der Mundhöhle anzufangen, sie als einen hohlen Raum zu erspüren und von hier aus weiterzugehen. Spüren Sie Ihren Halsinnenraum und den Raum zwischen Brustbein und Brustwirbeln, zwischen oberen und unteren Rippen, von Seite zu Seite, bis Sie Ihren gesamten Brustraum erfaßt haben. Fühlen Sie dann weiter den Übergang von den Schulterrundungen und den Achselhöhlen in die Arme, weiter den langen schmalen »Hohlraum« der Oberarme, durch die Ellbogen, den Raum der Unterarme bis zu den Handgelenken, den flachen breiten Raum zwischen Handfläche und Handrücken, weiter hinaus zu jedem Finger. Gehen Sie weiter und fühlen Sie auch den Raum von Becken, Leisten, Beinen und Füßen.

3. Skeletterfahrung

Das Skelett stellen wir uns meistens hart und leblos, ja makaber vor. Es ist aber äußerst lebendig und elastisch. Durch bewußtes Üben können wir dahin kommen, daß wir alle Knochen unseres Körpers wahrnehmen und sie bis ins hohe Alter elastisch erhalten.

Sie gehen im Prinzip genauso vor wie bei den bisherigen Übungen. Versuchen Sie, Ihr eigenes Knochengerüst zu erspüren. Es ist sinnvoll, sich in verschiedenen Stellungen die Verschiebungen der Knochen gegeneinander bewußt zu machen, zum Beispiel in Seitenlage ausgestreckt, zusammengekauert, auf einem Stuhl sitzend, auf dem Boden kniend, im Schneidersitz. Das Wahrnehmen des Knochengerüsts und der Porosität der Knochen bewirkt Leichtigkeit und damit Tonuserhöhung der Muskulatur.

Generell kann man sagen, daß jede erhöhte Aufmerksamkeit auf den Körper eine Tonusveränderung zur Folge hat: Gezielte Aufmerksamkeit wirkt regulierend!

Solange Sie diese Übung erarbeiten, ist für Sie das Üben im Liegen am leichtesten. Später können Sie überall üben, wo immer Sie sind – im Zug, im Bus, wenn Sie irgendwo warten müssen usw. Sie werden dabei erfahren, wie sich Ihre Selbstwahrnehmung zunehmend erweitert.

4. *Anregung zur Atmung*

Je bewußter man in der Wahrnehmung des Körpers und im Bewegungsablauf ist, um so offener und gelöster erfolgt die Atmung. Darum sind alle Körperübungen auch Übungen zum Atmen. Eine konzentrierte Atmung ist folgendermaßen zu erreichen:

a) Beobachten Sie aufmerksam Ihre normale Atmung. Nicht beeinflussen, nicht verändern! Wie spüren Sie Ihre Atmung, wohin atmen Sie? Wo scheint Ihr Atem nicht hinzukommen, wo erfährt er eine Bremse?

b) Stellen Sie sich in einer lockeren Haltung auf und verlagern Sie das Gewicht auf den rechten Fuß. Nun stellen Sie sich vor, Sie atmen durch die rechte Fußsohle ein und schicken den Atem durch den Körper bis in den Kopf und an der linken Körperseite wieder herunter. Unter der linken Fußsohle ausatmen. Im Wechsel dazu sollte dann mit dem linken Fuß begonnen werden. Mit dem Gewicht auf beiden Füßen ausruhen und den Körper durchspüren.

Atmung und Körper sind nicht voneinander zu trennen, und alle inneren Organe reagieren meist schon auf einfache Übungen wie diese. Durch Bewußtmachung erlangen sie ein anderes Körpergefühl.

Mit der Arbeit und mit den Erlebnisbereichen, die sich daraus ergeben, ist es wie mit der Gesundheit: Ihren Wert erkennt man erst richtig, wenn man sie nicht mehr hat.

Selbstverständlich erlebt jeder nach seinem Ausscheiden das Fehlen früher vorhandener Erlebnisbereiche in unterschiedlicher Intensität. Während die fehlende Zeitstruktur zunächst für die meisten die größte Belastung darstellt, leiden die ehemaligen Führungskräfte in erster Linie, und mehr als andere, unter dem Verlust von Einflußnahme, von anregenden Außenkontakten, von Mitbestimmungsmöglichkeiten, auch fehlen ihnen häufig die oft so verwünschten Dienstreisen. Erst dann folgt bei ihnen Nähe, die fehlende Zeitstruktur. Wer bis zu seiner Entlassung keine anderen Formen der Befriedigung gefunden hat, der wird mit Leere eher zu kämpfen haben als jemand, der schon immer neben dem Beruf sich auch anderen Vorlieben zugewandt hat. Die Arbeitsgesellschaft entläßt ihre Leute schlecht vorbereitet in die nachberufliche Zeit. Wie sollte sie auch, ist die Situation doch für beide Seiten noch relativ neu und ohne Vorbilder.

Nur aus persönlichen Daten und Erlebnissen heraus kann verstanden werden, ob und an welchen Stellen jemand den Verlust von beruflichen Erlebnisbereichen wirklich als Verlust erlebt. Wir sehen sehr glückliche, nachberufliche Lebenskonzepte, in denen nicht wenige dieser Erlebnisbühnen wieder mit Leben gefüllt sind. Für die anderen Betroffenen haben diese Texte die Aufgabe, wach zu machen für eine aktive Suche nach neuen Erlebnisfeldern, eine Suche, die nur jeder für sich leisten kann. In späteren Kapiteln finden sich Anregungen und Leitfragen hierzu sowie Modelle geglückter nachberuflicher Lebensgestaltung.

Zunächst einmal müssen aber Trauer und andere negativ besetzte Emotionen, die im Zusammenhang mit der Entlassung stehen, zugelassen und verarbeitet werden.

5. Zyklen des Abschieds durchleben

Auch wenn der überwiegende Teil der Frühentlassenen heute nicht in wirkliche ökonomische Not gerät, sind die psychischen und psychosozialen Auswirkungen enorm. Die schnelle technische und ökonomische Entwicklung in der westlichen Gesellschaft basiert schließlich zu einem nicht unerheblichen Teil darauf, daß Arbeit und ein Beruf eine zentrale Stelle im Leben eines jeden gesunden Menschen einnehmen. Aus dieser Überzeugung schöpft der Mensch, wie schon ausgeführt, seine individuelle Identität und seine soziale Anerkennung. Nun verliert der Frühentlassene von der finanziellen Versorgung abgesehen alles: Arbeitsplatz, Beruf, soziale Anerkennung und damit ein Stück seiner individuellen Identität. Ist doch nun einmal der Beruf, wie wir gesehen haben, Erlebnisraum ersten Ranges. Im Bewußtsein der Allgemeinheit ist seit langem der Arbeitsplatz im nahezu gleichbleibenden Beruf und die Vollzeitstelle das »Normale«. Über Generationen sind wir auf diese strukturbildenden Elemente hin erzogen worden. Im Moment gilt nichts eindeutiger als Beweis für geglücktes Leben als Erfolg im Beruf.

»Aber nur für Männer«, höre ich einwenden! Nein, nicht nur für Männer. Frauen fallen ebenso in Trauer, Verzweiflung und Hilflosigkeit, wenn die Struktur des Lebens verlorengeht, es sei denn, sie konnten sich längerfristig darauf einstellen. Männer bringen aus dem Berufsleben bessere Masken mit, hinter denen sie ihre Gefühle verstecken können: die Maske der Geschäftigkeit oder die Maske aus Status und Funktion, die noch weiterwirken. Es ist ja nicht nur der Entlassene in seinem Selbstbewußtsein irritiert, auch seine unmittelbare Umwelt hat Mühe, ihn aus seinen Rollen zu entlassen, sie sieht ihn ihrerseits noch immer als Abteilungsleiter, der er schon seit ein paar Monaten nicht mehr ist. Die Akzeptanz der endgültigen Trennung ist nicht nur Sache des Betroffenen allein, auch seine Umgebung muß die neue Situation akzeptieren. Für alle unterliegt der Abschied einem zyklischen Ablauf, der sein eigenes Tempo hat.

Die Trauer soll hier beim Namen genannt werden, ist sie doch auch das Menschlichste am Menschen. Tiere trauern auch, aber sie leben ihre Gefühle anders. So sehe ich etwa meinen Hund mit hängenden Ohren sitzen, wenn ich ohne ihn das Haus verlasse. Menschen dagegen, die einen Verlust erleiden, lassen die Seele hängen. Sie reagiert auf den irrationalen Teil des Erlebten. Doch der Verstand läßt diese irrationalen Impulse nicht zu, ja er wertet sie ab. Er ist es, der Abschied in bunte Gewänder verkleidet, der die Ereignisse glorifiziert oder ignoriert, anstatt sie zur Sprache zu bringen. Trauer verlangt auch ihren Tribut hinsichtlich unserer Leistungsfähigkeit, unseres Wohlbefindens und unserer Fähigkeit, gute, menschliche Beziehungen wieder aufzubauen. In der aktuellen Phase der Trauer gelingt das nur schwer. Wird die Trauer um den Verlust des Arbeitsplatzes nicht zugelassen, taucht der Schmerz zu einem späteren Zeitpunkt unverhofft wieder auf. Es kommt zu Partnerproblemen, oder der Körper streikt.

»Zum Traurigsein fand ich gar keine Zeit.«

»Nein, traurig braucht man bei der Abfindung weiß Gott nicht zu sein.«

»Es fehlt mir nichts, es fehlt mir an nichts, es fehlt mir niemand.«

So sagt der Kopf, derweil weint die Seele. So ist das oft genug mit der Trauer, die nicht gelebt werden darf: keine Worte, keine Gesten. Sie ist verboten, verkleidet, sie wird übersprungen. Doch wirkliche Abschiedsbewältigung fängt anders an und endet anders. Vor allem beginnt sie bei jedem Menschen individuell und nimmt innerhalb eines wiederkehrenden Zyklus ihren ganz eigenen Verlauf.

Im folgenden wollen wir einen Überblick über häufig beobachtete Verarbeitungszyklen geben und auf die individuelle Ausgestaltung dieses Prozesses hinweisen. Wenn wir von Trauerarbeit sprechen – und so drücken wir diesen Prozeß in der Psychologie aus –, meinen wir immer einen Ablauf von bestimmten Phasen. Es sind Tage und Wochen, Monate manchmal, in denen wir den Abschied von der Firma emotional aufarbeiten und dann erst für einen neuen Schritt offen werden. Ich werde hier in Anlehnung an Verena Kast[13] diesen Prozeß in vier Phasen erläutern.

Ich hoffe, daß sich die Frühentlassenen wiederfinden werden in dieser oder jener Phase. »Ja, so ist es mir auch gegangen«, oder, »Ach, jetzt verstehe ich es besser, ich war mir so fremd in meinen Reaktionen«, waren Kommentare, die ich oft hörte. Der eine oder die andere könnte allerdings auch die Frage nach dem Vermeiden stellen: »Welcher Gefühlsregung habe ich bis jetzt gar nicht erlaubt, da zu sein, geschweige denn, sich zu Wort zu melden?«

Bei dem betroffenen Partner oder der Partnerin hingegen erhoffe ich mir, Verständnis zu wecken für ungewöhnliches Verhalten und einen längeren Atem für Ihre Ungeduld, in der Sie damit rechnen, daß endlich wieder »alte Verhältnisse« eintreten. Alte Verhältnisse werden nicht eintreten, da muß ich Sie enttäuschen, aber wenn Trauer Bearbeitung gefunden hat, werden neue Zeiten einkehren. Aber erst dann.

5.1. Erste Phase: Nicht wahrhaben wollen

Ist die Nachricht von der Entlassung erst einmal »amtlich« und beim Empfänger eingetroffen, so braucht sie noch geraume Zeit, bis er es wirklich bei sich ankommen läßt und sich der Bedeutung bewußt wird. Der Outplacement-Berater, der weiter unten zu Wort kommt, spricht vom »stillen Rausschmiß, der hart trifft«. Auf diesen Schlag stellt sich zunächst einmal so etwas wie Empfindungslosigkeit ein, weder Wut noch Glück, weder Aktivität noch Traurigkeit, einfach nichts. Es ist erlaubt, so zu sein, auch über Stunden oder gar Wochen. Dieses empfindungslose Nichtwahrhabenwollen, wie es auch beim Verlust von Personen zu beobachten ist, hilft, einen vorschnellen, zu starken Affekt abzuwehren, für den jetzt das Durchhaltevermögen noch nicht vorhanden ist, wie auch bei körperlichen Verletzungen, wenn der Schmerz nicht sofort, sondern erst viel später ins Bewußtsein tritt.

Verdrängung ist der Fachausdruck der Psychologen für diesen Mechanismus des Abwehrens; man geht davon aus, daß die Seele in weiser Voraussicht die übermächtigen Gefühlsregungen nicht zuläßt, sie dem Bewußtsein nicht zugänglich macht, um Handlungen und Äußerungen, die später bereut würden, zu verhindern. So werden Körperwahrnehmungen und Gefühle in einer Art Blackbox eingefangen. Es handelt sich in dieser ersten Phase nicht um Gefühls- oder Wahrnehmungslosigkeit, sondern eher um einen Gefühlsschock, der dann schließlich von Panikgefühlen und Wutausbrüchen abgelöst wird. Immer noch einmal wird versucht, die aufbrechenden Emotionen zu vermeiden, bis schließlich die Tränen fließen. Meist geschieht das bei Frauen, denn Männer weinen ja nicht, es sei denn, nach innen.

Den Verlust zuzugeben und sich der Trauer hinzugeben ist der erste Schritt zur Überwindung: »Ich werde nie mehr die Kantine betreten, wo ich doch so gerne dort aß, zwischen all den Menschen. Ich werde nie mehr gegenüber meinem Kollegen in Opposition treten können, ein bißchen zu streiten machte doch Spaß. Ich werde nie mehr diesen Arbeitsweg nach Hause fahren und unterwegs schnell im Coffeeshop anhalten.«

Wie nach einem schweren Unfall muß auch die Seele nach dem Verlust des Arbeitsplatzes langsam von innen heraus wieder heilen. Gefährlich kann es werden, wenn der Frühentlassene seine Gefühle vor sich selbst verbirgt, wenn der seelische Schmerz ignoriert wird, nicht an die Oberfläche gelangen kann, dann wird er auch nie vorübergehen.

5.2. Zweite Phase: Jetzt ist die Wut dran

Tränen und ohnmächtiges Hinnehmen können wir uns nicht lange zugestehen. So wird es, wenn auch unangenehm, als Erleichterung erlebt, wenn endlich die wahren Gefühle spürbar werden und sich aus der Erstarrung lösen. Wut, Ärger, Angst in ihren vielen Erscheinungsformen übernehmen jetzt die Herrschaft. Aber auch die Frage nach den eigenen schuldhaften Anteilen am frühen Ende taucht im Verborgenen auf und wehrt sich zugleich gegen eine Beantwortung. In dieser zweiten Phase des Abschiednehmens fordert die Realität ihren Tribut. Man muß aufwachen, zu viele Notwendigkeiten des Alltags stehen an.

»Ich mußte mich um Papiere kümmern, um Zeugnisse, da war noch dies und jenes zu regeln, und so hatte ich auch manchmal Kontakt zur Firma. Das hat mich endgültig aus der Ruhe gebracht«, so schildert Herr F. diese Situation. Und weiter heißt es:»Ich wurde tätig, ja, fast ruhelos, aber die Niedergeschlagenheit holte mich noch oft ein.« Es gedeiht eine Art Zorn mit zwei Gesichtern in dieser Zeit. Der eine Mund beschimpft sich selbst, der andere klagt die Firma an oder den Staat oder die Gewerkschaft oder die Politiker. Im stillen Kämmerlein werden noch einmal Gespräche mit den Vorgesetzten geführt, sie bekommen in Gedanken all das ab, was sie doch schon längst hätten hören müssen. Sollte ein frühzeitig Entlassener hier auf die Idee kommen, »denen da« noch einmal zu schreiben, so soll er es ruhig tun, voller Wut und ohne Schonung, vieles davon ist stimmig, aber mit dem Absenden des Briefes sollte er sich tunlichst zurückhalten. Er, der Entlassene ist es, der sich hier und jetzt mit dem Geschehenen auseinandersetzen muß, nicht die Firma. Das macht die Wut nicht besser, aber verständlicher. Die Intensität der Gefühle läßt nach, und die negative Stimmung, die diese Verlustgefühle ausgelöst hat, verliert mehr und mehr ihre Dominanz.

5.3. Dritte Phase:
Suchen – Trennen – Aussortieren

Von heute auf morgen kann der Verlust nicht überwunden werden, es ist ein langsam fortschreitender Prozeß. Erst allmählich, so wie die Nebelschwaden von der Sonne aufgelöst werden, verzieht sich die Trauer. Es scheint keine andere Möglichkeit zu geben, als diesen Weg durch das Wechselbad der Gefühle und Handlungsimpulse, um mit dem Abschiednehmen vom Arbeitsplatz weiterzukommen.

In einer dritten Phase dieses Prozesses wird die Sehnsucht noch einmal wach und mündet in eine Suche nach dem Verlorenen. Ein Verkaufsleiter fand sich plötzlich am Telefon mit ehemaligen Kunden, er erstellte Angebote und nahm Kontakt auf mit Geschäftspartnern, die gar nicht mehr seine waren. Manchmal taucht sogar eine kurze Phase der erneuten Identifikation auf. Es wird noch einmal vom »Wir« gesprochen, und die ehemalige Firma ist gemeint. So rückläufig dieses Suchverhalten auch ausschaut, so wichtig ist es doch, als endgültiger Schritt der Trennung. Es ist nicht das Suchen als solches, das diesen Schritt so wichtig macht und das diese endgültige Trennung ermöglicht, sondern es ist das »Nichtmehr-Finden«. Es ist ja neben dem Abschied von Menschen und Zielen auch der Abschied von den Dingen, den Herr S. in einem Brief an seine langjährige Schublade so ausdrückt:

»Liebe Schreibtischschublade!
Vor ein paar Jahren standest Du plötzlich da und nicht nur Du, auch die neuen Schränke, die Regale und der Tisch. Mit all dem Drum und Dran aus Stahl, in dem Du drinhingst. Kein Geräusch, wenn ich Dich öffnete, keines, wenn ich Dich schloß, und mit einem Ruck rausfallen wirst Du wohl auch nicht. Von allen anderen Kollegen mit Neugier begrüßt, wußte ich ziemlich bald, daß ich Dich und die Deinen nicht mochte. Irgendwie seid Ihr mir gleich suspekt vorgekommen, hellgrau, lautlos, zeitlos. Nun gehst Du mich nichts mehr an. Und dem Neuen wird es egal sein. Der kennt ja die alte, braune Holzschublade nicht, mit der dies alles nicht passiert wäre. Du brauchst mir gar nicht zu sagen, daß ich Dich nicht verantwortlich machen kann. Das weiß ich selbst. Aber Du stehst halt für die neue Zeit: Erst Büroaufbau, dann Personalabbau, das verstehe einer. Also tschüs, Du lautloses Requisit der neuen Zeit. Wir brauchen uns nicht mehr. Sie, die da oben, brauchen mich nicht mehr.«

5.4. Vierte Phase: Zögernd die Fühler ausstrecken – den Verlust überleben

Jetzt endlich ist die Trennungsphase in das Stadium gekommen, in dem die Blickrichtung sich ändert. Traurigkeit geht nicht vorbei, weil wir es wollen, nur die Bereitschaft für Veränderung trägt zur Überwindung bei. Sich an den Kummer zu klammern verhindert vieles. Jetzt ist es an der Zeit, etwas Selbstliebe ins Spiel zu bringen, etwas für sich selbst zu tun.

Zögernd erst, aber ohne zurückzuschauen, wird die Neuorientierung aktiv in Angriff genommen, manchmal dann im Sturmangriff, um diesen kriegerischen Ausdruck zu gebrauchen. Fühler ausstrecken, neue Ziele finden, Alternativen abwägen, endlich über die Brücke gehen, von der man lange nicht gewußt hat, daß es sie gibt. Die neue Wirklichkeit zeichnet sich dadurch aus, daß der Verlust jetzt akzeptiert wird, daß durch den Beruf vorgegebene Alltagsmuster verwischt oder gar vergessen sind und daß andere an ihre Stelle treten können. Vielleicht wird die Trauer, die Wut, der Schmerz am Ende nicht ausgestanden sein, aber zugelassen, akzeptiert und ausgesprochen sind sie allemal. Das ist die Chance, für den Verlust einen richtigen Platz zu finden.

Wenn keine neuen Kränkungen dazukommen, richtet sich bei allem Zögern der Blick jetzt in die Zukunft. Ein großer Teil des Abschieds ist vollzogen, wenn die Traurigkeit zugelassen wurde, Wut und Ärger sich Luft machen konnten und die Realität des Rausschmisses mit Reaktionen beantwortet wird, die der neuen Realität angemessen sind. Erst dann ist der Abschied auch in etwa psychisch verarbeitet. Ein Betroffener berichtete: »Als kurz nach der Entlassung Krankheit dazukam und ich im Krankenhaus lag, habe ich viel geweint, wenn ich allein war.«

Mit dem Bericht eines Traumes soll unser Gang durch die Abschiede enden. Frau S. erzählte mir folgendes: »Es war einige Wochen nachdem ich die Firma verlassen hatte, als ich im Traum ein Schuhgeschäft betrat und nach einem Paar Schuhe für mich fragte. Die Verkäuferin brachte mir mehrere Paare, aber ich entschied mich bald für ein Paar rote Stiefel, haltbar und solide. Als nach längerem Suchen der zweite Schuh dieses Paares nicht gefunden werden konnte, entschloß ich mich, den einen zu kaufen und am anderen Fuß den alten Schuh weiterhin zu tragen. So verließ ich den Laden mit zwei unterschiedlichen Schuhen und mit einem etwas indifferenten Gefühl, aber durchaus nicht unglücklich. Es entsprach durchaus meiner Lage.«

Proviant und neue Schuhe, das bekommen in den Märchen diejenigen, die sich aufmachen zu neuen Ufern. So auch Frau S., wenn auch vorerst nur mit einem neuen Schuh.

Tobias Brocher[14] weist uns darauf hin, daß die Trennung vom Beruf kein einmaliges Erlebnis ist. Vielmehr besteht das Leben aus einer Kette von Trennungen und Anfängen. Die Trennung vom Berufsleben ist nicht wesentlich schmerzhafter als andere Trennungen auch. Liebeskummer tut weh und der Tod von nahen Menschen erst recht, hier dauert Abschied allemal länger. Jeder Mensch hat mit Abschied und Trennung seine eigenen Erfahrungen. Meist ist es nicht einmal der leidvolle Abschied als solcher, von dem die Erinnerung nachhaltig geprägt ist, sondern mehr noch die Zeit danach. So werden auch bei der frühen Entlassung alte Gefühle wiederbelebt, es wird an Versuche der Bewältigung früherer Verluste angeknüpft und aufs neue an ihnen gearbeitet.

So soll am Ende dieses Kapitels die Anregung stehen, sich an Trennungssituationen im eigenen Leben wieder zu erinnern und sich die Frage neu zu stellen: »Wie habe ich den Verlust damals empfunden? Was war der erste Schritt zur Überwindung, und was war eine entscheidende Tat?«

Eine Kollegin, die kürzlich frühzeitig aus dem Arbeitsleben ausscheiden mußte, weil ihre Stelle dem Rotstift zum Opfer gefallen war, sagte mir: »Ich habe ja öfter mit Menschen in dieser Situation zu tun gehabt, aber daß es so lange dauert, das hatte ich unterschätzt«. Christian Morgenstern beschreibt das so:

Sieh eine Sanduhr.
Da läßt sich nichts
durch Rütteln oder Schütteln erreichen.
Du mußt geduldig warten
bis der Sand
Körnchen für Körnchen
aus dem einen Trichter
in den anderen gelaufen ist.

Abschied ist nur der eine Teil vom Gehenmüssen, von der Trennung. Ankommen und Anfangen aber ist der andere Teil, um den es in allen weiteren Kapiteln gehen soll.

6. Biographiearbeit – eine Reise zu mir selbst

Die Erlebnisbereiche mit ihren vielfältigen Inhalten haben uns auf das weite Spektrum des Verlustes hingewiesen, das ein verlorener Arbeitsplatz mit sich bringt. Die Verarbeitung dieses Ablösungsprozesses bedeutet – wie wir eben gezeigt haben – ein dichtes Netz von Gefühlen, Affekten, von Gedanken und Phantasien, die wir nun hinter uns lassen wollen. Wir wollen in drei weiteren Schritten den Blick nach vorne richten.

Ein erster Schritt soll allerdings eine Reise in die eigene Vergangenheit sein, welche die Erinnerung anregt und gleichzeitig einen Überblick verschaffen kann über:
– wichtige innere und äußere Ereignisse
– die Zusammenhänge zwischen diesen Ereignissen
– die Auswirkung von Geschehenem auf die Gestaltung weiterer Schritte
– Brüche, Umbrüche, Mißgeschicke und verpaßte Gelegenheiten.

Ein zweiter Schritt befaßt sich mit den offenen Enden im Flechtwerk der eigenen Biographie, mit den:
– Wünschen
– Sehnsüchten
– Herausforderungen
– Möglichkeiten,

die jetzt zur Gestaltung des nachberuflichen Lebens wichtige Ausgangspunkte sein können, aber auch mit den Grenzen und Unmöglichkeiten, zu der die neue Situation zwingt. Für manche Dinge ist es auch jetzt noch zu früh, für manches ist es eindeutig zu spät, und für anderes – vielleicht nur für eine einzige Sache – ist der Zeitpunkt gerade der richtige.

Ein dritter und letzter Schritt soll in die Umsetzungsphase führen: Hier stehen die Fragen im Vordergrund:
– Was will ich zu meiner ganz persönlichen Sache machen?
– Was soll mein Ziel sein?
– Auf welchem Weg will ich es erreichen?

- Was muß ein erster konkreter Schritt sein?
  Über einen Entschluß, eine Idee zu reden oder wirklich zu handeln sind letztendlich zwei Seiten einer Medaille. Einen guten Plan in die Tat umzusetzen erfordert logisches Vorgehen, denn:

Ausgedacht ist noch lange nicht ausgesprochen.
Träume und Wachträume, Anstöße aus der Umwelt führen zu mancherlei Phantasien, lassen uns in Gedanken schon die kühnsten Träume entwerfen, ohne daß jemand etwas davon ahnt oder der Träumer sich selbst ernsthaft mit seinen Ideen konfrontiert.

Ganz anders dagegen, wenn unsere Phantasien ausgesprochen werden, wenn sie sozusagen ein erstes Mal aus uns herausgetragen werden, besser noch, wenn sie zu Papier gebracht werden.

Ausgesprochen oder aufgeschrieben ist aber noch nicht von mir und anderen bejaht.
Über vieles hat man schon einmal Gespräche oder Selbstgespräche geführt, die Vorteile erörtert und auf Stolpersteine hingewiesen. Niemand – auch nicht der Urheber dieser Idee – hat aber grünes Licht zur tatsächlichen Umsetzung gegeben. Darum:

Bejaht ist noch nicht auf die Umsetzbarkeit überprüft.
Nach einem grundsätzlichen Ja aller Beteiligten folgt erst die Phase der Prüfung. Manch einer tut das, indem er einfach handelt. Man wird schon noch etwas ändern können, und schließlich kann man ja auch alles noch einmal stoppen und neu beginnen. Andere brauchen genaue Pläne und Zusicherungen von Beteiligten, ehe sie sich zu einem ersten Schritt entschließen. Wieder andere glauben immer noch, es gäbe eine dritte Kraft, die für sie handelt. Aber daraus wird meist nichts.

Überprüft ist noch nicht umgesetzt.
Dann erst nimmt das nachberufliche Leben seinen neuen Lauf, und man gehört irgendwie und irgendwo wieder dazu.

Umgesetzt ist noch nicht beibehalten.
Wenigstens eine Zeitlang sollte man die Verpflichtungen dann einhalten und ausprobieren, um dann zu sagen:»Ja, so stimmt es für mich und für die nächste Zeit. Es fordert mich heraus, und es macht mich zufrieden.«

80

Vor der Abfahrt

Die Reise im eigenen Zeitzug soll in der frühen Kindheit beginnen, jene Zeit, auf die unsere frühesten Erinnerungen zurückgehen, als wir zwei oder drei waren, jedenfalls lange vor Schulbeginn. Hier halten wir unseren Zeitzug ein erstes Mal an. Jene ersten Lebensjahre sollen ins Licht der Erinnerung gerückt und nun nach langer Zeit wieder heraufbeschworen werden, um den roten Faden der Energie zu finden, der bis in die Gegenwart reicht.

Die Gegenwart selbst ist am schwersten zu verstehen, obwohl oder gerade weil sie uns am nächsten ist. Für sie haben wir noch nicht die richtige Brille. Bevor wir einsehen können, was Gegenwart ist, müssen wir uns der Vergangenheit und der Zukunft zuwenden. Das Bild vom ständigen Fluß der Zeit übersieht einen sehr einfachen Tatbestand, daß nämlich das Vergangene zwar vorbei, aber nicht vergangen ist, sondern durchaus noch wirksam. An dem Stein, den wir vom Fußboden aufheben, können wir die geologische Epoche bestimmen, der er angehört; noch heute trägt er die Spuren seiner Entstehung in sich. An jedem Baum üben die Jahresringe immer neue Faszination aus. Jeder Jahresring hinterläßt seinen unverwechselbaren Eindruck, jedes Jahr wirkt auf die nächsten Ringe fort. Nichts, was jemals geschehen ist, bleibt ohne Wirkung. Seine Wirkung zieht Kreise bis in die Gegenwart und wiegt nicht selten wie ein schwerer Stein.

Nichts geht verloren, weder im Baum noch im menschlichen Leben, alle Ereignisse hinterlassen ihre Spuren und Abdrücke. Beim Stamm sind es die Dürrejahre oder die mechanischen Einflüsse wie ein vorzeitiger Schlag mit der Axt oder ein zu enger Draht, die ihre Spuren hinterlassen. Beim Menschen können neben materiellen Dürrejahren auch seelische Nöte oder eine schwere Krankheit zu besagten Verletzungen geführt haben. Und nicht von ungefähr sprechen wir von den fetten Jahren, in denen wir im Überfluß dahinleben. »Die Vergangenheit klopft so lange ungebeten an die Tür, bis wir ihr eine plausible Antwort gegeben haben«, lehrt uns C. G. Jung.[15] Um eben diese Antworten geht es bei der Reise durch die eigene Biographie, um die wiederkehrenden Selbstzweifel zu mindern, um Falscheinschätzungen ins rechte Licht zu rücken.

Nur in seltenen Ausnahmesituationen bedarf es einer Klärung mit therapeutischer oder beraterischer Hilfe. Das kann der Fall sein, wenn die frühe Entlassung mit einer weiteren schwierigen Lebenssituation, wie etwa Scheidung, zusammentrifft. Einige der vorzeitig Entlassenen haben sich in der Firma bereits mit der Gepflogenheit des Coaching bekannt machen können, welche als berufsbegleitende Beratung im Geschäftsleben längst ihren Platz gefunden hat. Coaching, das heißt mit einem neutralen und sachkompetenten Berater konkrete Probleme am Arbeitsplatz zu lösen.

Während dieses Coaching aber in erster Linie der produktorientierten Effektivität dient und damit auf personenbezogene Vertiefung verzichtet, geschieht in Beratung und Therapie eine weitreichende Aufarbeitung von Hintergründen aktueller Krisen. Manch einer, der vorzeitig aus dem Arbeitsleben ausgeschieden ist, hätte sich gerne für eine beratende Begleitung entschieden, wäre sie ihm oder ihr nur angeboten worden. Das kann auch nach der Entlassung noch geschehen: In der Notlage des Festgefahrenseins ist es zunächst ratsamer, sich professionelle Hilfe zu holen. Dort ist mehr erlaubt. Wut, Enttäuschung und Freude, alle »verrückten« Ideen und unerlaubten Gefühle dürfen Platz beanspruchen, ohne zensiert zu werden oder sie gleich umsetzen zu müssen. Der Berater ist hier – entgegen seiner Berufsbezeichnung – kein Ratgeber, sondern jemand, der für den Klienten die Ratlosigkeit mit aushält, ohne in das Chaos mit hineinzurutschen, jemand, der alle Gefühle und Gedanken ernst nimmt und sie mit keinem: »Ja, aber ...« in eine andere Richtung drängen will. Er ist auch jemand, der keine eigenen Interessen mit dem Resultat der Beratung verbindet, wie etwa die Partnerin oder die Kinder, die ihrerseits in einer gewissen Ratlosigkeit verharren. Diese Unabhängigkeit ist die Voraussetzung für ein Gelingen der gemeinsamen Arbeit.

In einer späteren Phase können durchaus verfügbare und willige Verwandte und Wegbegleiter beim Zusammentragen des biographischen Mosaiks helfen und mit gutem Rat zur Seite stehen.

In der Rückschau der Biographiereise begegnet man sich ja quasi noch einmal selbst. Man trifft sich in seiner ganzen Schönheit und in seiner Häßlichkeit gleichermaßen, bei seinem Erfolg und bei seinen Niederlagen. Das geschieht zum Zeitpunkt der frühen Entlassung, in einer Situation, in der Aussichtslosigkeit stellenweise die Szene bestimmt:

»Der, der ich bin, grüßt wehmütig den, der ich sein möchte.«, sagt Friedrich Hebbel[16] in seinen Tagebüchern (1835–1863) und befindet sich dabei vielleicht in ähnlicher Problematik. Das ist schwer auszuhalten, mit und ohne beratende Hilfe. Wenn ich die Kraft der Rückschau aber zu diesem Zeitpunkt nicht aufbringen kann, so ist es nur berechtigt, sie auf später zu verschieben und dem Gebot der Stunde den Vorrang zu geben.

Mit beraterischer Hilfe ist die Wahrscheinlichkeit höher, auch an die unerledigten Geschäfte, die sich in jedem Lebenslauf standfest halten, heranzukommen. Unvollendete Gestalt nennt das die Gestalttherapie. Von einer geschlossenen Gestalt spricht sie, wenn ein wichtiger Aspekt aus der Vergangenheit, der immer wieder mit einer quälenden Frage an die Tür klopft, eine plausible Antwort bekommen hat. Spät, aber nicht zu spät, tritt dieser dann endlich in den Hintergrund des Bewußtseins und stört nicht mehr das Fortkommen.

Vielleicht gelingt es im Durcharbeiten der Biographie auch, eine dieser unvollendeten Gestalten zu schließen.

Für die meisten Leser ist es nicht neu, sich mit einer Biographie zu beschäftigen. Biographien bekannter oder berühmter Menschen kennt jeder. Meist haben solche Menschen die Biographie eines Volkes oder einer Kunst- und Kulturwende wegweisend beeinflußt.

Etwas völlig Neues dagegen könnte für viele Leser die Beschäftigung mit der eigenen Biographie sein, sich ihr mit einer Systematik zuzuwenden, die biographische Erzählungen von Eltern und Verwandten meist vermissen lassen.

Für gewöhnlich liest man eine Biographie von außen nach innen. Zuerst verändert sich die Lebenslandschaft, dann die Wahrnehmung dieser Landschaft, und dann erst erfolgt die emotionale Zuordnung zu der Veränderung.

So scheint es sinnvoll, die Biographiereise an den nachvollziehbar dokumentierten, zeitlich bestimmbaren Daten entlang durchzuführen. Eine Zeitschiene könnte hier eine technische Hilfe sein. Das Hereinholen der inneren Daten und des subjektiven Erlebens geschieht dann wie von selbst. Allerdings ist es nicht leicht, diese Ereignisse in der eigenen Biographie möglichst neutral entgegenzunehmen und sich nicht sofort selbst zu strafen oder zu loben.

Weiterhin kann es von Nutzen sein, gleich Stift und Papier oder ein Notizbuch bereitzulegen. Die ganz spontanen Erinnerungen melden sich oft nur beim ersten Augenblick. Danach sollten sie dann gleich festgehalten werden, damit sie sich nicht sofort wieder ins Unbewußte zurückziehen.

Das Einlassen auf die Texte zu den Lebensabschnitten und auf die dazugehörigen Fragen kann ohnehin nicht in einem Atemzug geschehen. Es erfährt immer dann eine Fortsetzung, wenn wieder Lust zum Weitermachen da ist und die Bilder durch das Wecken von Erinnerungen fließen. Dann ergänze ich meine Geschichte durch den nächsten Abschnitt.

Manche Lebensjahre sehen in der Rückschau wie ein weißes Blatt Papier aus, welches sich nicht füllen will. Druck nützt hier nichts, auch keine Grübeleien. Hilfreich ist eher ein Blick in die schon erwähnte kollektive Biographie, ein Suchen in den Familien- und Firmengeschichten, in alten Zeitungen und Fotoalben. Mit großer Wahrscheinlichkeit finde ich mich dort selbst zwischen all den anderen und kann mit diesem Fundus zu meinen eigenen weißen Flecken zurückkehren und sie farbig werden lassen.

Es gibt keine falsche und keine richtige Biographie, keine gute und keine schlechte, jede hat ihre Schicksalsschläge und ihre Glücksfälle, jede ist eingebunden in ein familäres und kollektives Ganzes und kann aus diesem Blickwinkel heraus mit Gelassenheit und Vertrauen betrachtet werden, auch jene Passagen, die sich vielleicht nicht sofort erhellen lassen. Sei es ihnen gewährt, im Dunkeln zu bleiben.

Es wird oft gefragt, ob es denn ein objektives Erinnern gäbe, ob man sich denn verlassen könne auf die Bilder und Eindrücke aus der Vergangenheit. Nein, es geht hier nicht in erster Linie um Objektivität im kriminologischen Sinn und auch nicht um akribisches Aneinanderreihen von Fakten. Es geht vielmehr um den Ernst des subjektiven Gehalts der eigenen Geschichte, so wie sie sich in der Erinnerung darstellt. Was wir suchen und festhalten wollen, ist die *Qualität*, die den Tatsachen innewohnt und die ihnen jetzt, hinterher, die Bedeutung gibt. Da ist zum Beispiel der inzwischen erwachsene Mann, der in der Verwandtschaft immer noch zu hören bekommt, wie schade und eigentlich schlimm es doch sei, daß er ohne Vater aufwachsen mußte.

Er selbst hingegen hat die subjektiv viel wertvollere Erinnerung – ja, es ist wie ein guter Fundus, in seinem Großvater einen hervorragenden Vater gehabt zu haben. Hier und in ähnlichen Fällen, in denen andere Außenstehende korrigieren wollen, kann man nur raten, zu dem subjektiven Eindruck des eigenen Erlebens zu stehen und sich nicht bedrängen zu lassen.

Es ist also nicht der absolute Wahrheitsgehalt, aber auch nicht die sensationellen Ereignisse, die eine Biographie ausmachen. Es sind die eher kleinen und unscheinbaren Ereignisse, die Details, die eine erhellende Orientierung geben. »Das Schicksal kommt vom Rande, im Kleinen, scheinbar Nebensächlichen. Das, was es mit den Menschen auf sich hat, steht nicht auf Plakaten geschrieben«, schreibt Mathias Wais in seinem Buch *Ich bin, was ich werden könnte*[17]. Darum kann die Erhellung der wirklichen Zusammenhänge in der Biographie an niemanden delegiert werden.

6.1. Der Mensch hat äußere und innere Daten

C. G. Jung[18], von dem dieser Satz stammt, weist immer wieder auf die Tatsache hin, daß die Realitäten der psychischen Innenwelt oft nur mit großer Anstrengung den äußeren Daten gleichgesetzt werden können. Ein für zwei Personen äußerlich gleich verlaufendes Erlebnis, wie etwa ein heftiges Gewitter an einem Sommertag, kann auf völlig unterschiedliche Weise wahrgenommen werden. Dem inneren Erleben nach ist es für den einen eine kurze Unterbrechung eines Sonnentages, dem anderen jedoch ist gründlich und für den ganzen Tag die Laune verdorben, und auf das äußere Gewitter folgt eines in seinem Inneren. Besonders auch C. G. Jung weist auf die Unterscheidung von individueller und kollektiver Biographie hin, bei der jeweils wiederum jene äußere und innere Wahrnehmung, von der oben die Rede ist, eine Rolle spielen.

Darum scheint es auch bei den eigenen Erinnerungsbildern sinnvoll, so genau wie möglich die objektiven Ereignisse von den dadurch ausgelösten inneren Bildern zu trennen. Oft sind wir über Jahre hinweg Gefangene dessen, was uns gelehrt und erlaubt wurde wahrzunehmen beziehungsweise nicht wahrzunehmen. Wir durften nur dieses oder jenes fühlen und anderes dagegen nicht.

So durfte die Ankunft eines kleinen Geschwisters nur ein freudiges Ereignis sein, obwohl man eigentlich mit Beklommenheit der Tatsache entgegensah, die Mutter und das Zimmer mit jemandem teilen zu müssen. Skeptisch zu sein war ein unerlaubter Zustand, der nur im Unbewußten bestehen durfte.

Willi Butollo weist uns in *Die Suche nach dem verlorenen Sohn* auf die Erfahrung hin, daß solche totgeschwiegene Ereignisse negativen Inhalts, etwa eine schwere Krankheit, ein tiefgreifendes Zerwürfnis zwischen Verwandten, ein Umzug in ein fremdes Land, in das man nicht freiwillig geht, oftmals das ganze weitere Leben beeinflussen und zu späteren Entscheidungen führen, die man nur in Kenntnis dieses Ereignisses nachvollziehen könne. So wehrt sich etwa jemand unangemessen gegen eine gute Position in einer anderen Stadt, weil es auch einen Umzug bedeuten würde, ohne sich bewußt zu machen, daß es die ständigen Umzüge waren, die er schon als Kind mitmachen mußte durch die Versetzungen des Vaters in andere Städte, die ein Trauma hinterlassen haben. Das Durchbrechen dieser Barrieren ist so lange unmöglich, wie über das Verschwiegene nicht gesprochen wird.

Man steht fragend daneben: »Warum gerade ich, warum gerade wir und schon wieder wir?«»Die alten Gummibänder schnalzen zurück«, nennt Willi Butollo[19] dieses Phänomen. Solange wir die damals geschehenen Dinge unreflektiert mit der Gegenwart verknüpfen, wird dieses Gummibandprinzip uns nicht loslassen. Nur wenn wir das frühere Ereignis vom jetzigen zu trennen lernen, können wir beide unabhängig voneinander bewerten und einordnen.

Andere Autoren, die sich mit der biographischen Rückschau als Element der Selbsterkenntnis befassen, haben mich in der Auffassung bestärkt, daß ein gewisses Alter erreicht sein muß, um am Hinschauen auf den eigenen Lebenslauf Gefallen zu finden und die Impulse nutzen zu können. So bietet sich die Situation nach dem offiziellen Berufsende geradezu an für diese aufregende imaginäre Reise.

6.1.1. Begleitung in Krisensituationen

Um die aufeinanderfolgenden Schritte der biographischen Arbeit zu bewältigen, braucht man neben Zeit und einem ruhigen Ort auch ein gewisses Maß an seelischer Gesundheit und Willensstärke. Ebenso braucht man den Mut zur realistischen Benennung der Dinge sowie – später – den Übermut, beim Entwurf neuer Konzepte auch Ungewöhnliches zuzulassen.

In der Krisensituation des Berufsverlustes ist es gar nicht so sicher, diese Voraussetzungen in genügendem Maße erfüllen zu können. Viel Energie ist zum Beispiel durch die Regelung von dringenden Dingen wie Versicherungsansprüchen und ähnlichem gebunden, ebenso wird die seelische Energie in Angst und Unsicherheiten festgehalten.

»Wo immer die Seele durch ein Erlebnis in heftige Schwingungen versetzt wird, besteht die Gefahr, daß der Faden, an dem sie aufgehängt ist, zerreißt. Dadurch fällt der Mensch in ein absolutes Ja oder ein absolutes Nein...«, schreibt C. G. Jung.[20]

Für gewöhnlich denkt und bewertet man in den Kategorien richtig oder falsch. Aber die Bewertung sollte mehr zwischen Sinn und Unsinn liegen und sich auch hier nicht zu Extremen verleiten lassen.

6.2. Entwicklung im 7er-Rhythmus

Den Rhythmus von jeweils sieben Jahren wähle ich nicht von ungefähr. Ich habe mich von niederländischen Autoren inspirieren lassen, hauptsächlich von Bernhard Lievegoed,[21] der als Arzt in die Wirtschaft wechselte. In Deutschland wurde er bekannt durch sein Buch *Lebenskrisen – Lebenschancen.*

Dieser Umgang mit den 7er-Rhythmen hat eine lange Tradition. Im 6.–7. Jahrhundert v. Chr. lebte ein athenischer Gesetzgeber mit Namen Solon, den die Griechen für den Gründer ihres Staates hielten. Er hatte ältere Männen für die höheren Beamtenpositionen ausgewählt, weil er sie für die erfahrensten hielt und diese Erfahrung ihm von hohem Wert erschien. Die sogenannte solonische Weisheit galt lange als die höchste Weisheit überhaupt, bis sie später durch Platon angezweifelt wurde.

Solon begründete eine Lebensphasenlehre, die auf dem 7er-Rhythmus aufbaut. Er verstand das menschliche Leben in erster Linie kosmologisch und sah in der Zahl 7 ein Symbol der Vollkommenheit. In seinen Schriften spricht er bereits von Krisen, die in den Umbruchstellen der 7er-Phasen vermehrt angesiedelt sind als zu anderen Zeitpunkten. Diese Erkenntnis haben heutige Interpreten von Biographien wie Lievegoed und Burkhard bestätigt.

Aristoteles hingegen ging lediglich von drei Lebensstufen aus. Die Jugend und das Alter, beide kurz bemessen, bilden den Rahmen für die alles erfüllende Mitte als die beste Zeit des Menschen, in der er wirkt und schafft.

Ich möchte die differenzierten Lebensphasen des Solon, wie sie Lievegoed aufgegriffen und ausgebaut hat, als Grundlage für die Biographiearbeit nehmen. Der Lebensraum zwischen 50 und 60, in den ja die vorzeitige Entlassung fällt, wird hierbei eine präzise Zuordnung erfahren.

Jedes dieser 7er-Jahresbündel, zu denen der Leser im folgenden geführt wird, ist mit einem Fragenkatalog verbunden, der zwei Ziele hat: Zum einen hilft er, die Erinnerungsarbeit zu intensivieren und zu vertiefen, lange verschüttete Bilder zu wecken. Das ist der zurückschauende Aspekt. Für den vorausschauenden Aspekt sind die Fragen zum anderen so ausgewählt, daß sie gewissermaßen als Bausteine das Fundament legen für eine Neu- und Umgestaltung des Lebenskonzepts im frühen Ruhestand, für eine gewandelte, aber wieder stabile Identität in den noch kommenden Jahren. Hätte man andere Zielsetzungen mit der biographischen Reise, würden andere Schwerpunkte Betonung finden. Man kann das Bündel der Fragen auf einer linearen Schiene anschauen; jeder Jahresrhythmus baut dabei auf dem vorhergehenden auf und führt die innere Linie der Fragen weiter. Die Fragen sind an den jeweiligen Lebensabschnitt geknüpft, sie lauten etwa so:

– Für welchen nächsten Schritt wurde in dieser Phase das Fundament gelegt?
– Was sehen Sie heute als in dieser Phase versäumt an, was wurde Ihnen vorenthalten, wissentlich oder unwissentlich?
– Welche Aufgabe, Anforderung blieb ungelöst?
– Welchen Schicksalsschlag erlebten Sie in diesem Zeitraum in Ihrem Bezugsfeld?
– Welche Krankheiten hatten Sie in diesem Zeitraum, und welche Langzeitwirkung hatten sie im positiven wie im negativen Sinn?

Eine zweite Kategorie von Fragen lautet in jedem Zeitabschnitt gleich. Diese zielen im Gegensatz zu den ersten auf wiederkehrende oder womöglich sich wiederholende Ereignisse:

• Seitdem darf ich nicht...
• Seitdem hält man mich...
• Seitdem kann ich nicht...
– Was konnte ich in diesem Alter, was andere nicht so gut konnten?

Noch ein Hinweis darf nicht fehlen, ehe wir die Reise tatsächlich antreten: Es ist eine alte Tatsache, daß Liebe, Eros und Sexualität die Umstände verändern, Bewertungen korrigieren oder aufheben und Weichen neu stellen. So gesehen darf in den meisten Abschnitten dieser Aspekt nicht fehlen. Die Fragen lauten etwa:

Wer liebte mich besonders? Wen liebte ich in dieser Zeit besonders?

Man kann Fragen, die den Lebensabschnitten zugeordnet sind, auch unbeantwortet lassen. Aber gestellt sind sie dann erst einmal! Wenn sie wichtig genug sind, melden sie sich zu einer anderen Zeit erneut und verlangen dann erst nach Antwort.

Wenn Sie wollen, so schauen Sie Ihren biographischen Weg wie ein Märchen an, wie Ihr eigenes Märchen oder wie Ihre eigene Heldengeschichte. In diesen ist nämlich die positive Schicksalswende immer auf der Seite der Protagonisten, der Helden, immer bei denen,»die auszogen, das Fürchten zu lernen«. Viele Märchen erzählen davon, wie das Geschenk des Anfangs, die zugedachte Bestimmung sich bewahrheitet. Jedesmal ist es die Überwindung von Schwierigkeiten, das Lösen von – letztendlich auch lösbaren – Aufgaben, das das Schicksal bestimmt.

Kann das nicht auch Ihr Weg werden: ein Märchen, in dem Sie sich die Frage des Anfangs noch einmal stellen, in dem Erfahrungen aus viel früheren Jahren aufgeweckt werden und bereits vergessene Wünsche in Erfüllung gehen? Es wird zu spannenden, aufregenden, vielleicht zu stolz machenden Zwischenstationen führen und damit den Schlüssel für die Zukunftsplanung bereit halten.

Ehe es losgehen kann, noch ein letzter Hinweis:
Wer lieber von der Gegenwart her anfängt, sollte kapitelweise rückwärts lesen.

6.3. In der eigenen Rückschau mir selbst begegnen

Der Zeitzug steht bereit. Der Leser und die Leserin können sich auf die Reise begeben.

Erste Station: null bis sieben Jahre. Bis man auf eigenen Beinen steht

Die ersten Lebensjahre sind mehr als alle folgenden Jahre von der Ausbildung des Körpers bestimmt. Hier wird die Grundlage der physischen Konstitution und der Gesundheit gelegt. Kinderkrankheiten begleiten diese Entwicklung und werden hinterher oft als Wachstumsschübe erkannt.

Im Bewegen, im Ausprobieren, durch Ermunterung und durch Nachahmen erwacht das Baby zum Kleinkind, zum Kind, zu einem Mädchen oder einem Jungen. All diesen vielen Lern- und Entwicklungsschritten voran steht das Ereignis der Geburt, der erste Schritt in dieses Leben.

Wenn wir dies nicht als ein zufälliges Geschehen ansehen wollen, dann könnten wir davon ausgehen, daß im Anfang schon vieles für das spätere Leben vorweggenommen wird. So gesehen scheint eine Frage sinnvoll zu sein: Welches Thema stand über meiner Geburt, und wie meldete sich dieses Thema bis jetzt in meinem Leben? Erinnerungen kommen auf, wie zum Beispiel:

Als ich ein erstes Mal ohne Hilfe über den Tisch schaute, konnte ich schon stehen und mich recken. Daran erinnere ich mich ganz genau. Da lag ein Apfel. Oder gibt es doch nur ein Foto? Meine Schritte vom Liegen zum Rollen und Krabbeln, die mußte ich mir erzählen lassen. Mit dem Erzählen aber kamen auch die Töne herüber, die meine Seele erwachen und wachsen ließen:»Du konntest das früh, und du warst geschickt, wir konnten dich kaum bändigen«.»Wir warteten auf deine ersten Worte, aber auch ohne sie verstand ich dich.«

Die Sinne sind es, die den Menschen physisch und psychisch erwachen lassen. Sie sind die Tore zur Außenwelt. Durch Augen, Ohren, Mund, Nase sowie durch die Haut nimmt das Kind die Welt wahr. Auf die Hilfe der Eltern angewiesen, tritt es in die Welt ein. Alle Freude und jeder Schreck, alle Wärme und jede Kälte treffen unmittelbar. So sind Begrenzungen von großer Wichtigkeit. Nur im Gehaltenwerden kann Sicherheit entstehen, gehalten im richtigen Maß, auch gelassen im richtigen Maß. Hier lohnt es sich, ein erstes Mal richtig nachzuspüren, was es mit dem Halten und Gelassenwerden wohl auf sich hatte. Hier muß ein Grundgefühl entstanden sein, welches sich auch ohne Fakten und Bilder wieder aufspüren läßt. Die Fähigkeit des Stehens, Gehens, Sprechens, Denkens und Fühlens sind gegeben, ehe die Erinnerungsfähigkeit einsetzt, aber an erste Umsetzungen dieser grundlegenden Fähigkeiten können wir uns sehr wohl erinnern.

Fragen zum Lebensabschnitt null bis sieben
– Welches Thema stand über der Geburt? Welche Überschrift hätte die Mutter, der Vater dieser Geschichte gegeben, die mit der Geburt begann?
– Wie trat Autorität ein erstes Mal auf? Haben Sie Bilder davon? Wenn Sie sich die Begriffe Vertrauen, Mißtrauen, Selbstvertrauen vorstellen, welche frühen Bilder fallen Ihnen dazu ein?
– Haben Sie noch Spielzeug, von dem Sie wissen, daß Sie es heiß geliebt haben? Was haben Sie mit ihm gespielt, und wie wurde das Spiel gefördert oder verhindert?
– Wie groß war der Aktionsradius der Vorschuljahre? Was war erlaubt, was war verboten?
– Welche Grundsätze galten, und wie zeigten sie sich im Alltag? Kennen Sie noch den Satz:»Dazu bist du noch zu klein ...!« Zu welchen Unternehmungen nahm man Sie dagegen ein wenig zu früh mit?
– Welche Rituale haben von Anfang an Ihr Leben geordnet? Was ist daraus geworden?

Wenn Sie sich genügend auf diese Fragen eingelassen haben, sich Antworten und Notizen gemacht und vielleicht ein bißchen ausgeruht haben, dann gehen Sie weiter zur nächsten Station ihrer Biographie.

Zweite Station: sieben bis vierzehn Jahre.
Die Schule beherrscht den Alltag

»Schulreif« muß man sein, ehe man mit sechs oder sieben Jahren eingeschult wird. »Jetzt fängt der Ernst des Lebens an!«, bekommt man oft zu hören, eine merkwürdige Aussage, denn wenn man genauer hinschaut, so trifft das nicht nur einmal im Leben zu. Spätestens bei der Konfirmation oder ähnlichen Ritualen um die vierzehn herum hören wir diesen Satz ein zweites Mal, und beim offiziellen Berufsbeginn ist es ein drittes Mal soweit. Welcher Ernst fängt mit dem offiziellen Berufsende an?

Das eigentliche Grundgefühl eines körperlich gesunden und psychisch stabilen Siebenjährigen heißt: »Die Welt ist schön.« Man ist neugierig auf die Welt außerhalb Haus und Kindergarten, man ist stark, man will entdecken und unter Kindern sein. Der erste Lehrer, wer würde sich nicht an ihn oder sie erinnern! War es nicht die wechselseitige Sympathie oder gar Liebe zwischen ihm und uns, die zu ersten schulischen Erfolgen führte, die lesen und schreiben lernen half? Mehr noch als die Eltern werden in diesen Jahren die Lehrenden zum Dreh- und Angelpunkt des Entwicklungsgeschehens.

Das Leben erhält jetzt einen anderen Rhythmus. Während der Schulmonate fiebert man den Ferien entgegen, und in den Ferien erwacht schon bald wieder die Sehnsucht nach dem Alltäglichen im Kreise der Freunde, mit der Geborgenheit aber auch der zeitweiligen Härte und den notwendigen Auseinandersetzungen.

Eine Arbeits-Freizeit-Balance wird bald zu einem Muster, das auch für späteres Verhalten im Berufsleben gelten wird. Wer kennt nicht den »klugen« Spruch aus dieser Zeit: »Erst die Arbeit, dann das Vergnügen«? Manch einer hat es nicht viel später noch schwer, sich davon zu lösen und zu ungetrübtem Vergnügen zu gelangen.

In dieser Periode, zwischen sieben und vierzehn Jahren, vollzieht sich die bereits begonnene Individuation um einen weiteren Schritt. Hier wird der Mensch mit seinen Eigenarten als Grundtyp festgelegt. Im sozialen Miteinander, in der künstlerischen Tätigkeit, im Experimentieren mit

Technik und Naturwissenschaft kann es zu Schlüsselerlebnissen für eine spätere Berufsentscheidung kommen.

Auch in der religiösen und ethischen Erziehung wird in diesem Alter ein nicht zu unterschätzender Grundstock für späteres Handeln, Werten und Bewerten, auch was den Beruf und die Lebensplanung angeht, gelegt.

Ein weiteres wichtiges Lern- und Erfahrungsfeld ist das Belohnungs- und Bestrafungssystem, in das wir uns einpassen müssen. Der Unterschied von Gut und Böse und alle möglichen Schattierungen dazwischen, die ein Mensch von Geburt an kennengelernt hat, bekommt ein neues Handlungsfeld. Der heranwachsende Mensch entscheidet aktiver als zuvor, ob er zum Beispiel überwiegend Erdulder oder überwiegend Kämpfer sein will.

Spätestens mit dem zwölften Lebensjahr beginnt die Vorpubertät. Mag sein, daß ältere Leser die Akzeleration, dieses Auseinanderfallen von körperlicher und psychisch-geistiger Entwicklung und Reifung nicht in der krassen Form wie heute erlebt haben. In der Vorpubertät regieren der Umbruch und die Verunsicherung. Schneller Wechsel in den sozialen Bezügen ist ebenso an der Tagesordnung wie ein völliges Sichzurückziehen. Auf den Pausenhöfen und in den Freizeiträumen treffen wir nicht mehr auf unbekümmerte gemischte Spielgruppen, wir sehen Mädchen- und Jungencliquen ebenso wie erste Zweierfreundschaften.

Zu Hause möchte man endlich ein eigenes Zimmer bewohnen, und wenn das nicht geht, dann aber doch bitte das Bad für sich allein benutzen.

Fragen zum Lebensabschnitt sieben bis vierzehn
– Welches Bild, welche Weltsicht wurde in Ihrer Familie vermittelt?
– Wie sprach man über Menschen und Dinge außerhalb der Familie, zum Beispiel über die Leute von nebenan, den Kaufmann an der Ecke, die Firma des Vaters, der Mutter?
– Welche Unterrichtsfächer haben Sie in Erinnerung? Wissen Sie, warum Sie sich an sie erinnern?
– Welche Lehrer haben Sie zum Streben nach mehr Wissen und Erleben animiert? Was ist daraus geworden?
– Wie haben Sie sich im Klassen- und Freundesverband erlebt, gehörten Sie dazu? Wie ging das vor sich? In welchen Dingen waren Sie mehr ein Außenseiter, und fällt Ihnen noch ein, wie es dazu gekommen ist? Ist das so geblieben?

- Was haben Sie in diesen Jahren darüber erfahren, wie man Autorität gewinnt?
- Wie wurde der Umgang mit Geld und Besitz vorgelebt, wie darüber gesprochen?
- Wie standen Sie in dieser Hinsicht unter anderen Kindern und Jugendlichen da?
- Wurden in dieser Zeit feste Freundschaften geschlossen? Durften Sie Ihre Freunde mit nach Hause bringen? Was haben Sie bei anderen gesehen, und wie hat Sie das beeindruckt? Erzählen Sie sich einen Besuch beim Schulfreund.
- Welche Bedeutung hatten:
  Fleiß, Schlauheit, soziales Verhalten, Ehrlichkeit, eigenständiges Handeln, Muße, Besitz?
  Vergleichen Sie die damaligen Wertschätzungen mit Ihrem heutigen Wertesystem.
- Welche Sportarten, Musikinstrumente, Hobbys haben Sie in diesen acht bis zehn Schuljahren ausprobiert, und an welchen sind Sie hängen geblieben? Welche möchten Sie immer noch zu Ihren eigenen machen?

Wenn Sie mit Ihren Antworten zunächst zufrieden sind, so lassen Sie den Zeitzug weiterfahren.

Dritte Station: vierzehn bis 21 Jahre.
Frau werden – Mann werden – Gemeinschaft erfahren

»Als ich 15 war...«, bei dieser Aufforderung zum Erzählen werden die Erinnerungen nur so fließen. Wir stehen mitten in der Pubertät. Während der Körper schon erwachsene Formen ausbildet, pendelt die Seele noch von einem Extrem zum anderen. Die Entdeckung der männlichen und weiblichen Identität und all dessen, was beide gemeinsam betrifft, drängt alles vorher gewesene in den Hintergrund. Vorher nicht gekannte Gefühle und Affekte, der Wunsch nach Gemochtwerden und Dazugehören kämpfen mit dem Streben nach Autonomie, nach Abgrenzung und nach Anderssein.

Ausbildung oder Beruf müssen gewählt werden. Aber es ist oft keine freie Wahl; die wirtschaftliche Situation, die finanzielle Lage und die Eltern bestimmen die Entscheidung mit. Die älteren Leser waren in der Nachkriegszeit fünfzehn Jahre alt, man nannte dies die »schwere« Zeit, obwohl die Jahre davor viel schwerer gewesen waren. In fast allen Berufssparten war Wahl kaum möglich. Man nahm, was frei und erreichbar war. Für die jüngeren Leser fiel dieses entscheidende Alter in die Zeit des beginnenden Wirtschaftswunders.

Fünfzehn zu sein, siebzehn, achtzehn oder zwanzig! Eigentlich ist es kühn, diese Jahre zusammenzufassen, wo doch zwischen allen Jahrgängen eigentlich Welten liegen. So erscheint es mir in der Rückerinnerung jedenfalls. Was hatte ich denn als Neunzehnjährige mit einer fünfzehnjährigen Schwester gemein? Einfach gar nichts. Oder gar mit meinem Bruder, der als Achtzehnjähriger Dinge tat, die ich schon wieder unmöglich fand. War ich mir doch selbst fremd, wenn ich nur ein Jahr zurückschaute.

»Wer nie verliebt war«, besonders zwischen vierzehn und 21 Jahren, »der wird ein Stockfisch«, schreibt Lievegoed über die Lebensalter und meint damit das erotische Erwachen des Menschen, welches in diesen Jahren geschieht. Es verändert die Weltsicht radikal und läßt die Vorstellung von einer individuellen Zukunft entstehen.

Eng damit verbunden ist in diesen Jahren das Erlebnis der eigenen Begrenztheit; man wird das Abitur, Voraussetzung für meinen wissenschaftlichen Höhenflug, doch nicht schaffen. Die zwei linken Hände, auf die der Vater schon lange hinwies, lassen es wirklich nicht zu, daß man Optikerin wird. Das Harfespielen reicht auch nur für das Schulorchester und nicht für eine Solokarriere. Selbst die Totalverweigerung beim Bund, auf die man so stolz war, scheitert an der Angst vor dem Knast.

Fragen zum Lebensabschnitt vierzehn bis 21 Jahre
- Wenn Sie überschwenglich oder melancholisch waren, wie wurde das aufgenommen, wie wurde darauf reagiert? Durfte man anders als andere sein?
- Welche Verliebtheit in Menschen, in Dinge, in Ideen haben Sie in diesen Jahren gelebt, welche ausgelassen? Was davon steht jetzt, da Sie frei sind, zur Verwirklichung an?
- Wer hat Ihnen damals geholfen, Ihre Lust am Gestalten, am Tätigsein, am Engagement für politische oder soziale Fragen zu verwirklichen? Wem könnten Sie jetzt dabei den Weg weisen? Welches Handwerkszeug haben Sie dafür zum Einsatz bereit?
- Wie sah in diesen Jahren Ihr zukünftiges Bild von Ihnen selbst aus, für Sie selbst, und für die, die Sie begleitet haben?
- Wovon waren Sie enthusiastisch begeistert, wofür haben Sie demonstriert?

Nun geht es zur Erinnerung an eine weitere Altersstufe.

Vierte Station: 21 bis 28 Jahre.
Nicht mehr im Elternhaus – Jahre erster Eigenständigkeit

Das sind die Jahre, in denen sich allgemein die Emanzipation von Elternhaus und Ausbildungsstätte vollzieht und man in eine eigene Wohnung gezogen ist, eventuell schon mit einer eigenen Familie, sicher aber mit einem eigenen Freundeskreis. Bei vielen gibt es dennoch keine endgültige Form, aber es wird auch nicht mehr von Wohngemeinschaft zu Wohngemeinschaft gezogen, abgesehen davon, daß diese Lebensform in den 50er, 60er Jahren noch keine Konjunktur hatte, man dagegen froh war, endlich ein eigenes Dach über dem Kopf zu haben, und war es nur ein Zimmer zur Untermiete.

Es ist nach wie vor die Zeit der Versuche und die Zeit der Suche nach dem eigenen Lebensstil. Besonders für die Frauen ging es in diesen Jahren um die Frage des Vereinbarens von Beruf und Kindern, die sich damals noch nicht per Pille regeln ließ. Heute läßt sich durch die Möglichkeit der Geburtenkontrolle die Frage anders stellen. Heute lautet sie:

Kind oder kein Kind?
Kind oder Karriere?
Kind *und* Karriere?
Geht das wirklich?

Wie läßt sich das mit oder ohne Partner verwirklichen? Wie machen das andere? Den Frauen, die jetzt vom Ruhestand profitieren oder von der vorzeitigen Entlassung betroffen sind, war Beruf ohne Kind genausowenig selbstverständlich wie Beruf mit Kindern. Man blieb zu Hause, wenn man verheiratet war und es sich leisten konnte. Man ging zur Arbeit, wenn man sich beruflich profilieren konnte, wenn man »dazuverdienen« mußte oder wenn man eben nicht verheiratet war. Alle diese Entscheidungen mußten in den bewußten Jahren getroffen, getragen und gestaltet werden.

Nach dem zwanzigsten Lebensjahr beginnt der Beruf den Menschen finanziell zu tragen. Ein eigenes Budget muß den Wünschen ans Leben angepaßt werden. Nichts ist schon Routine, wenig Erfahrung stützt den Aufbau der Berufslaufbahn, die von Abenteuerlust begleitet wird. Da wollte man doch noch ins Ausland, und nun sind schon Kinder da, oder es ist zu riskant, den Arbeitsplatz aufzugeben. Da wollte man doch eigentlich gleich bauen, aber ein Angebot aus einer fernen Stadt lockt auch. »An welcher Stelle in der Welt will ich stehen?«, lautet die vorrangige, aber selten offen gestellte Frage, und eine ehrliche Antwort in diesem Lebensalter hieße: an mehreren gleichzeitig. »Es muß im Leben mehr als alles geben«, drückt es Halbfas [22] aus.

Das ist viel Inhalt und Entscheidungsdruck für relativ schnellebige Jahre, wenn man all die Erlebnisangebote außerhalb von Familie und Beruf einbezieht. Dabeisein und Gefallenwollen heißt die Devise. Eigentlich sind es Jahre der Etablierung, aber auch Wanderjahre. Wie soll man das gegeneinander abwägen? Man muß doch ausprobieren dürfen; Begabungen zeigen sich doch nicht einfach von heute auf morgen, die kristallisieren sich heraus. Es soll aber auf keinen Fall für immer so bleiben. Das ganz große Ereignis steht doch noch aus, allein oder zu zweit!

Für diejenigen, die noch vor der Jahrtausendwende sechzig Jahre alt werden, die also zwischen 1930 und 1940 geboren sind, ließen die Jahre des Wirtschaftswunders Wanderzeiten wieder zu. Die Grenzen nach Nord, Süd und West waren offen, man wurde mobil, die Bedenken der Eltern wurden in den Wind geschlagen, die – wenn oft auch nur phantasierten – Ziele lagen räumlich weit weg. Man ließ sich zu neuen Lebensmustern aus Amerika inspirieren, übernahm Umgangs- und Ernährungsformen, über die ältere Menschen den Kopf schüttelten.

Die Älteren unter den Ruheständlern waren ebenso gewandert, aber nicht freiwillig. Der Krieg hatte sie hierhin und dorthin verschlagen. Ausland, eigene Wohnung, oft auch freie Berufswahl blieben Träume oder konnten erst spät eingelöst werden.

Goethe war 27 Jahre alt, als er das folgende Gedicht [23] schrieb. Es liest sich wie eine Verdichtung dieses vierten Lebensabschnitts:

Freudvoll
und leidvoll
Gedankenvoll sein
verlangen und bangen
in schwebender Pein.
Himmelhoch jauchzend
zu Tode betrübt,
glücklich allein
ist die Seele, die liebt.

Fragen zum Lebensabschnitt 21 bis 28 Jahre
- Wie können Sie Ihr Lebensgefühl und Ihre Lebensenergie in diesen Jahren beschreiben, und was davon haben Sie im positiven Sinn wachgehalten und könnten es noch heute nutzen?
- Wie sind Sie damals mit Geld, Besitz und Verdienst umgegangen? Wie hat sich das gewandelt?
- Wie war Ihr Lebensstil in den frühen Berufsjahren? Welches war Ihr Wertebezug hinter diesem Stil, und mit wem teilten Sie ihn? Wer war Ihr Vorbild? Was ist Ihnen davon leider oder zum Glück abhanden gekommen?
- Was ging zu schnell, persönlich oder beruflich? Was zu langsam? Ihre Erziehung war nun abgeschlossen. Welche Mechanismen der Selbsterziehung haben Sie entwickelt?
- Sie sind nicht mehr 28. Aber in welcher Weise könnten Sie jetzt noch einmal 28jährig sein?

Und weiter geht es in den nächsten Lebensabschnitt der eigenen Biographie.

Fünfte Station: 28 bis 35 Jahre.
Positionen bekleiden. Etwas werden – jemand sein

Deutlicher und sichtbarer als die Jahre davor sind diese Jahre von Verstandesentscheidungen und vernünftigen Entschlüssen geprägt. Wenn man den jugendlichen Übermut und eine umfassende Neugier bis hierhin noch bewahrt hat, muß und will man nun unweigerlich erwachsen sein. Ein weiteres Mal bricht der Ernst des Lebens an, von dem man schon an früheren Stationen gehört hat. Das Erwachsensein dominiert nun mit allen Pflichten und Privilegien.

Die Lehrjahre, auch die ersten Lebenslehrjahre oder das Studium sind beendet. Die ersten Jahre im Beruf liegen schon etwas zurück. Neue Eindrücke, der Umgang mit Kollegen und Kolleginnen geben Selbstbestätigung oder stellen Sie in Frage. Die seelische Arbeit beginnt Anerkennung zu finden, man kommt durch sie auch nach außen hin zur Geltung. Die eigenen Lebensziele lassen sich jetzt deutlicher als vorher formulieren. Sie sind realitätsbezogener, und es werden konkrete Schritte zu ihrer Umsetzung unternommen. Führungsaufgaben übernehmen, eigene Projekte realisieren, einen Hausbau beginnen sind Ausdruck dieses Lebensgefühls. Die Fundamente der Existenz sind gelegt – jetzt heißt es, sie auszubauen. Spätestens jetzt muß sich auch der letzte von seinem Studenten- oder Azubi-Ausweis trennen. Den Vollbesitz der Kräfte muß man auch voll bezahlen.

Je etablierter man in diesen Jahren schon ist, um so schneller stellt sich aber auch ganz nebenbei die Frage ein, ob das denn nun in den nächsten Jahren genauso weitergehen soll. Das ist genau die Frage für eine Verunsicherung, die im nächsten Lebensabschnitt dann noch deutlicher gestellt wird.

Am Beginn dieser neuen Phase werden frühe Erfahrungen gefestigt und in einem neuen Licht gesehen. Man zählt jetzt zu den reiferen Erwachsenen, auch wenn die Eltern das noch nicht verstehen wollen. Beziehungen zu anderen werden gefiltert: in solche, die ich langfristig aufrechterhalten möchte, oder in eher ereignisgebundene, mit Eltern, die Kinder im gleichen Alter haben. Aus späterer Sicht haben diese zweckgebundenen Freundschaften dann doch nur in Ausnahmefällen gehalten. Ähnlich wie beim Sport werden Beziehungen auch anderswo überwiegend durch gleiche Themen oder gemeinsame Interessen aufrechterhalten. Interessieren die Themen nicht mehr oder sind die Anlässe nicht mehr gegeben, so hält meist die Beziehung auch nicht.

Fragen zum Lebensabschnitt 28 bis 35 Jahre
– Welches waren Ihre beruflichen Highlights in diesen Jahren, und welche haben Sie aus heutiger Sicht über- oder unterbewertet?
– Können Sie sich daran erinnern, mit welchen Augen und Beurteilungen Sie in der Zeit auf die damals 55jährigen beziehungsweise 65jährigen geschaut haben?
– Welche Erinnerungen könnten Ihnen davon heute helfen?
– Von welchen Träumen oder Wünschen in bezug auf berufliche Erfüllung mußten Sie sich schon damals trennen? War das zu früh aus heutiger Sicht?
– Wenn Sie die Jahre zwischen 20 und 30 insgesamt Revue passieren lassen, glauben Sie, das Richtige getan und entschieden zu haben?
– Gab es persönliche Krisen in dieser Zeit, und welcher Art waren sie?
– Wo sehen Sie heute die Chance, die in der Krise lag?

Mit der nächsten Station erreichen wir Jahre, die von großer Bedeutung sind, stehen doch Umbrüche ins Haus, mit denen man zuvor gar nicht gerechnet hatte.

Sechste Station: 35 bis 42 Jahre.
Mitten im Leben stehen – oder soll's das
schon gewesen sein?

Auch wenn es niemand wahrhaben will, dies sind die Jahre der Lebensmitte.

Sportler erwischt es früher als andere, der Körper gibt Signale und verweigert spätestens jetzt die Hochleistung in der A-Liga. Aber erst später wird dieser Verlust an Energie und körperlichem Leistungsvermögen als solcher wahrgenommen und auf ihn reagiert. Das Anfangskapital an physischer Energie ist verbraucht. So finden sich Menschen Ende Vierzig in Situationen, die sie krisenhaft erleben, die ihren Ursprung aber oft Jahre früher haben.

Im Beruf ist Selbständigmachen jetzt angesagt: einen Betrieb, eine Praxis gründen. Oder einen Betrieb übernehmen: Die Väter warten schon, allerdings häufig ohne sich selbst zurückzuziehen, wofür sie auch noch nicht das richtige Alter haben und keine alternative Perspektive. Die Bank bietet Kredit an, die ersten Erbschaften stehen ins Haus. Selbständigwerden kann auch die Übernahme von mehr Verantwortung als Führungskraft einer Firma bedeuten. Zunehmende Selbständigkeit kann auch für Mütter gelten, deren Kinder flügge werden, für Frauen, die eine neue Karriere starten. Mehr als zu anderen Zeiten steht jetzt zur Diskussion, ob das so bleiben soll oder nicht.

Auch wenn es paradox erscheint, so setzt der zwar gesunde, aber nicht mehr körperlicher Hochleistung verschriebene Körper auf geistiger Ebene Kräfte frei, die als Leistungspotential jetzt voll zur Verfügung stehen. Forschen, entwickeln und veröffentlichen, eine höhere Position anstreben, größere Aufgaben in die Hand zu nehmen, steht jetzt auf dem Lebensplan. Daneben kommt es darauf an, die Krisen, die sich Ende Dreißig fast unbemerkt einschleichen wollen, anzunehmen und in Chancen zu wandeln.

Neben diesen gewaltigen Anforderungen im Beruf brauchen die inzwischen heranwachsenden Söhne und Töchter vermehrt die Hilfe der Eltern beim Erwachsenwerden. Wie alt waren Ihre Kinder, als Sie 42 waren? Und abgesehen davon, ob man Kinder hat oder nicht, man gewinnt plötzlich den Eindruck: Die »Jugend« drängt nach.

In die gleichen Jahre fällt naturgemäß noch einmal die Auseinandersetzung mit den eigenen Eltern, auch mit den Lehrern. Ganz unterschwellig macht sich die Frage breit, wie legitim es ist, für diesen oder jenen Mißerfolg, für Krisen in der Biographie immer noch den eigenen Eltern die Schuld zuzuweisen. Schließlich ist man inzwischen selbst Vater, Mutter, Vorgesetzter oder in anderer Form Erziehender und Begleiter, häufig schon Begleiter der eigenen Eltern.

Wenn die vorangegangenen Lebensphasen eher dem Bild des Einatmens entsprechen, so beginnt in diesen Jahren – um bei dieser Metapher zu bleiben – das Ausatmen. Gerade im Hinblick auf das Ausscheiden aus dem Arbeitsleben scheint das eine wegweisende Überlegung. Das, was wir in uns aufgenommen und ausgebildet haben, können wir nun der Aufgabe, der Zielerreichung zur Verfügung stellen. Wir erlangen eine höhere Urteilsfähigkeit und legen höhere Maßstäbe an uns und andere an. Auf der Bühne des Lebens mitspielen, beruflichen, politischen und sozialen Einfluß nehmen heißt die Devise dieser Jahre. Der Hinweis auf ein Ausscheiden von all diesen Bühnen in nur zehn bis fünfzehn Jahren wird bloß ein ungläubiges Lächeln ernten.

Fragen zum Lebensabschnitt 35 bis 42 Jahre
- Welche langfristigen Entscheidungen, besonders berufliche, haben Sie in dieser Zeit getroffen, und wie wirken diese bis heute nach?
- Wie gestaltete sich in dieser Zeit Ihre Karriere, und wo gab es eine Weiterentwicklung?
- Wer lief an Ihnen vorbei, und wie reagierten Sie selber darauf, wie reagierte Ihr Umfeld?
- Wie nahmen Sie die Verringerung der Leistungsfähigkeit wahr, und wie haben Sie es kompensiert? Ist daraus ein Konzept entstanden, welches auch heute greift?
- Lassen Sie vor Ihrem inneren Auge einige private Bilder der damaligen Zeit erscheinen, und kommentieren Sie sie aus heutiger Sicht.
Die Erkundung der eigenen Biographie geht einen Schritt weiter.

Siebte Station: 42 bis 49 Jahre.
In die Zielgerade des Lebens einbiegen

Die Jugend ist endgültig vorbei, man ist nun ein Mensch in den besten Jahren und genaugenommen schon jenseits der Lebensmitte. Stimmt das wirklich? Manche meinen, bis dahin sei es noch lange Zeit, bei anderen löst der vierzigste Geburtstag gemischte Gefühle aus. 47, 48,

49 Jahre alt zu sein scheint erst recht unvorstellbar. Den Kindern gegenüber hört man sich mit der Stimme der eigenen Eltern reden, die nun wirklich »alte Leute« sind. Als Frau ist man im Beruf die Ältere geworden, die am Montagmorgen andere Themen bewegt als die jungen Kolleginnen, für die der Beruf noch Job ist.

Bei Sandra Paretti in *Das Echo deiner Stimme* [24] bekommt man einen Eindruck von diesem Umkehreffekt zwischen den Generationen. Im Lauf der Jahre, wie der Leser erfährt, wird die Tochter ganz zur Mutter der Mutter. Viele Menschen erreichen in diesen Jahren eine neue innere Sicherheit, die sich im Können, im Verstehen und im Wissen ausdrückt. Schon immer hat in diesen Jahren das Schicksal von außen stark ins Leben eingegriffen. Ein Berufswechsel zeigt sich an, Berufungen in Gremien, Ausschüsse und in einen Vorstand müssen zu- oder abgesagt werden, eine Versetzung sorgt für Bewegung im Leben, treibt Alleinstehende noch einmal auf Wanderschaft und läßt sie neue Beziehungen eingehen. Immer häufiger beobachtet man in diesen Jahren einen Bruch in der sozialen Biographie.

Bis vor kurzem hatte sich dieser Anlauf und Sprung auch gelohnt, waren es doch fünfzehn bis zwanzig Jahre, die noch mit Berufstätigkeit gefüllt werden sollten. Dem ist nicht mehr so. Im aktuellen wirtschaftlichen Geschehen vollzieht sich hier ein rascher Wandel, an den noch vor wenigen Jahren niemand so recht geglaubt hat und der Menschen im Beruf mit einer neuen Wirklichkeit konfrontiert. Noch vor wenigen Jahren konnte sich ein 41jähriger sagen: »Noch 24 Jahre bis zum Ruhestand, da kann ich noch vieles bewegen, bei mir persönlich und in der Firma.« Jetzt heißt es nicht nur in Großfirmen: »Ich bin jetzt 41, meine 51jährigen Kollegen gehen gerade. Wann erwischt es mich?« Die folgenden Fragen werden sich darum in wenigen Jahren so nicht mehr stellen lassen:

Fragen zum Lebensabschnitt 42 bis 49
– Welchen Ballast oder Überfluß haben Sie sich in diesen Jahren aufgeladen, den Sie jetzt dringend loswerden sollten?
– Von welchem »Kapital«, in diesen Jahren angehäuft, können Sie jetzt eigentlich Gebrauch machen?
– Gab es soziale/politische/vereinsbezogene Aufgaben, die damals an Sie herangetragen wurden und die Sie nicht aufgegriffen haben? Was läßt sich noch aktualisieren, wie ist es jetzt damit?
– Was haben Sie in diesen Jahren auf später verschoben?

– Mit welchen beruflichen Fähigkeiten aus diesen Jahren sind Sie auch heute noch sicher ausgestattet?

Wir wechseln hier von einem Lebensabschnitt in einen nächsten über, der inzwischen für viele von der drohenden vorzeitigen Entlassung überschattet wird.

Achte Station: 49 bis 56 Jahre. Helikopter-Effekt

Dies sind die Jahre der Selbstverwirklichung, der Karriere, der Höhepunkte im Berufsleben, die kaum noch gesteigert werden können. Jetzt ist man auf allen Gebieten wirklich professionell, kann andere ausbilden und wird in Positionen gerufen, in denen Höchstleistungen erwartet werden.

Menschen in diesen Jahren sind vom Helikopter-Effekt ergriffen, so nennt Lievegoed diese Fähigkeit, aus der normalen Arbeitsebene aufzusteigen und gewissermaßen aus einer höheren Perspektive einen Überblick über die Dinge zu gewinnen und aus diesen heraus zu handeln. Wo dieses nicht mehr im Beruf genutzt werden kann, bildet der Helikopter-Effekt doch ein hohes Angebotspotential für die Zeit nach dem Berufsleben.

Gleichsam durch die Hintertür schleicht sich Routine ein. Man funktioniert. Es wird eigentlich nichts Neues getan, die Arbeitsabläufe wiederholen sich, und manchmal macht es schon müde. Im zu schnellen Ablauf des Alltags, ob hineingeraten oder selbst verursacht, ist körperliche und geistige Angespanntheit an der Tagesordnung. Umfangreiche Programme sind zu bewältigen und lassen an alles andere denken als ans Aufhören.

Immer häufiger greift das Schicksal in diesen Jahren in Form von Krankheit in unser Leben ein. Der Kreislauf meldet sich eines Tages zu Wort, das Herz oder die Gelenke senden Signale, die genaugenommen schon um die vierzig ausgesandt, doch bislang ignoriert wurden.

Dazu kommen diese Entlassungsgerüchte, die für manche Kollegen schon zur bitteren Realität wurden. Muß man sich nun wirklich damit auseinandersetzen oder nicht? Tritt man doch besser die Flucht nach vorn an, oder geht man aus freien Stücken? In welche Richtung man auch hofft – es fällt schwer, noch frei durchzuatmen.

Fragen zum Lebensabschnitt 49 bis 56 Jahre
- Beschreiben Sie die ganze Palette Ihrer Kompetenz und Ihrer persönlichen Stärke, Ihrer Wirkung. Aus dem einen oder anderen könnte sich jetzt etwas Neues entwickeln.
- Was ist in Ihrer Situation der Unsicherheit nicht in Frage gestellt und bietet Halt?
- Was ist Ihre körperliche Schwachstelle, und welche Signale gibt sie?
- Welches ist Ihre psychische Schwachstelle? Entwickeln Sie eine Strategie, um sich zu schonen.
- Haben Sie eigentlich (noch) Ideale? Wie können Sie sie benennen?
- Wen belasten Sie mit Ihrer Krisensituation? Wissen Sie auch, in welcher Form? Wie können Sie diese Belastung in Grenzen halten?

Überlegen Sie sich einige Situationen – aktuelle oder vergangene –, in denen durch Ihre Mitarbeit oder Initiative etwas entstanden (oder verhindert worden) ist, auf das Sie stolz sein können:
Nein, ich meine nicht die großartigen Erfolge, die in der Jahresleistung vermerkt werden, auch nicht die großen Firmenentscheidungen, von denen in zehn Jahren noch jeder spricht. Ich meine die kleinen, nachhaltigen Dinge, die langsam und wirksam, nach und nach, das Segel um ein weniges versetzt haben.
Wie können Sie diese Energie auch jetzt einsetzen?
So erreichen wir die letzte Station der Biographiereise, die hier in Erinnerung gerufen werden soll.

Neunte Station: 56 bis 63 Jahre.
Nicht mehr »am Drücker«

Wenn man sich in Firmen und Institutionen umschaut, diese Jahre sind nur noch für wenige die Zeit der großen Karriere.
Während Frauen das Klimakterium hinter sich haben und längst eine veränderte, aber stabile Identität als Frau gefunden haben, stellt sich bei Männern in diesen Jahren eine späte Labilität im Gefühlsleben und oft auch in der Gesundheit ein. Selbst bei denen, die sicher im Leben und im Beruf stehen, nagt der Selbstzweifel und die Frage nach dem »Wer bin ich?« noch einmal wie in längst vergessenen Zeiten, bezieht sich jetzt aber mehr auf die körperliche Verfassung. Sich selbst überschätzen, vor anderen den Sportler herauskehren ist ebenso an der Ta-

gesordnung wie eine ernstzunehmende Angst um die Gesundheit, die oft durch überraschende Todesfälle im Umfeld, besonders bei Männern, verstärkt wird.

Für die kognitive Leistungsfähigkeit treffen diese Beeinträchtigungen allerdings weniger zu, da geht es eher noch bergauf. Man ist ohne Zweifel immer noch in der Lage, größere fachliche Gebiete zu überschauen und zu koordinieren, Entscheidungen von weitreichendem Ausmaß vorzubereiten und mitzutragen.

Man kann jetzt Generalist und Individualist im Wechsel sein und so auf unterschiedlichste Herausforderungen reagieren.

Wer allerdings seine Illusionen noch immer nicht begraben kann und seine Wünsche an das Berufsleben in unrealistischer Weise den Möglichkeiten entgegensetzt, wird unter Druck geraten, unabhängig davon, ob ein vorzeitiges Ausscheiden ins Haus steht oder ob sich der normale Bogen der Berufslaufbahn auf die vorgesehene Weise schließt. Hier klafft der Lebenslauf weit mehr als in früheren Jahren auseinander. Eine hohe Lebenserwartung, gepaart mit relativ hoher geistiger und gesundheitlicher Stabilität, steht einer immer früheren Entlassung aus dem Berufsleben gegenüber.

Dieses ist die kritische Stelle im Zeitzug, an dem wir anknüpfen werden, um die Perspektive für die Zukunft zu gestalten, der zweite und dritte Schritt also, von dem in der Einleitung zu diesem Kapitel die Rede ist, zu dem die Erträge aus den einzelnen Lebensabschnitten das Baumaterial liefern sollen.

Die biographische Reise soll hier offiziell enden. Die meisten Reisenden werden ihren Zeitzug inzwischen schon in den Schuppen gestellt haben, je nachdem, wann sie den aktuellen Ausblick ihrer Gegenwart erreicht hatten. Eine ausführliche Betrachtung der Jahre zwischen 63 und 70 Jahren schließt hier nicht mehr an, denn ich möchte die nachberufliche Lebensgestaltung der Frühpensionierten nicht mit Altersgestaltung und Vorschlägen dazu verwechselt wissen. Ein Blick über den Zaun der Zukunft soll jedoch die Biographiereise abschließen:

Wie im Kapitel 2.2 dargestellt, wird die Zahl der Alten in den nächsten Jahren immer rascher ansteigen. Bei genauem Hinsehen zeigt sich allerdings, daß entgegen der wissenschaftlichen Meinung für eine relativ hohe Anzahl alter Menschen ein Nachlassen der physischen und kognitiven Leistungsfähigkeit und vor allem der Leistungswilligkeit nicht zutrifft. Sind diese spät produktiven Frauen und Männer eine positive Auslese,

oder könnte es sein, daß die üblicherweise einer Statistik zugrunde-
liegenden Leistungsbereiche für Aktivität im Alter von nur geringer Rele-
vanz sind und ganz andere Fähigkeiten, wie etwa Intuition, Erinnerungsfähigkeit an Daten und Dinge, die lange zurückliegen, oder Gewissenhaf-
tigkeit, die Schlüssel zu spätem Erfolg darstellen?

Eine empirisch gesicherte Teilantwort lautet: Zu keiner Zeit des Lebens sind die Differenzen unter den einzelnen Menschen größer als im
hohen Alter. Die Streuung von Können und Leistung ist in der Gruppe
der Alten um ein Vielfaches breiter als bei den jüngeren. Unter 70jähri-
gen finden wir nicht wenige, die die geistigen Kapazitäten von 30jähri-
gen haben. Scheinbar haben Menschen ein sehr unterschiedliches gene-
tisches Programm, welches seinerseits unterschiedlichen Umweltprä-
gungen ausgesetzt ist. Diese fast trivialen Aussagen sollen andeuten,
warum eine homogene Skizzierung dieser Altersgruppe ebenso schwer
möglich ist wie eine einheitliche Gestaltung biographischer Fragen. Es
mag merkwürdig klingen, aber mit zunehmendem Alter scheinen die
Lebensstile zunehmend bunter zu werden, wie wir schon oben beschrieben haben.

Mit anderen Worten: *Den* Pensionierten als Repräsentanten einer uni-
formen Masse der Alten gibt es noch weniger, als andere Altersgruppen
als Gesamtheit zu sehen sind. So gesehen scheint es fast töricht, eine
Altersgrenze für das Berufsende festzulegen. Jedenfalls hat Goethe
seine Marienbader Elegie mit weit über 70 Jahren geschrieben und den
zweiten Teil des Faust in seinen letzten Lebensmonaten 83jährig fertig-
gestellt.

Auch Chagall hat seine für mich schönsten Fenster in der Mainzer St.
Stephanusgemeinde in seinem 95. Lebensjahr vollendet.

6.4. Nicht mehr und noch nicht – Fragen zum Augenblick des Ausscheidens

»Gestern habe ich es erfahren.
– Bis März stehe ich noch auf der Gehaltsliste.
– Nur mein Schreibtisch ist noch zu räumen.
– Muß ich mich nun kümmern, wer meine Arbeit übernimmt oder nicht?
– Ich bin froh, wenigstens ist die Ungewißheit vorbei.
– Scham, Wut, Trauer, ich weiß gar nicht, was ich haben soll.

- Erst einmal besinnen. Das Finanzielle klären.
- Nein, heute nicht mehr, am Freitag war der letzte Tag.
- Mein Partner ist in der Arbeit. Die anderen auch.
- Die Kinder sind in der Schule.
- Vorigen Monat dachte ich noch ›Wenn erst...‹, und nun ist es soweit.«

Der aktuelle Augenblick des Entlassenseins, von dem hier die Rede sein soll, birgt viel Ungewißheit in sich. Der betroffene Leser am Ende seiner Biographiereise hat jedoch – wenn er den roten Faden der Lebensereignisse zwar noch nicht in der Hand hat – bereits eine Ahnung davon, was seinen Lebensfluß nachhaltig beeinflußt hat und was die treibenden Kräfte hinter seinen Aktivitäten, seinen Erfolgen ebenso wie hinter seinen Mißerfolgen waren. Er wird sich auch die Frage gestellt haben, ob denn das Bild, das er so lange von sich hatte, das wirklich reale war und welche Farben auf diesem Bild fehlen.

Wenn ich zurückschaue und die Stationen dieser Reise noch einmal Revue passieren lasse, zeigt mir mein innerer Film folgendes:
- Was scheint überwiegend gelungen?
- Was hat mir hauptsächlich geholfen?
- Wer waren die Menschen, die mich glücklich gemacht haben, mir geschadet haben, mir geholfen haben, mich aus der Reserve gelockt, mich krank gemacht haben?
- Verstehe ich die Mechanismen, wodurch das geschehen ist?
- Welchen Zeitabschnitt nenne ich meinen beruflichen Höhepunkt? Wie kam es dazu? Welche Früchte aus dieser Zeit trage ich noch in mir?
- Welche Fähigkeiten scheine ich in welcher Altersstufe nicht genutzt zu haben, und wie kann ich sie jetzt eventuell ausbauen?
- Was ist in mir angelegt, was jetzt zum Zuge kommen kann?

Konkrete Fragen für den aktuellen Augenblick des Ausscheidens:
- Welche Gewohnheit/welchen Rhythmus brauche oder habe ich nun nicht mehr?
Was muß erst einmal an deren Stelle treten?
- Wessen Urteil soll jetzt gelten in bezug auf Verhalten–Fleiß–Leistung? Nach welchem Raster bestimme ich meine Bewertungen neu?
- Ich schaue mir die Leitmotive für mein Tun aus den vorhergegangenen Phasen an. An welchen halte ich weiterhin fest, und warum haben sie Sinn?

- Wenn ich ein Motto über meine jetzige Lebensstrategie schreiben soll, wie heißt dieses?
- Meine aktuellen Rollen in Partnerschaft, Familie und Gesellschaft: Welche Kapazitäten sind frei geworden, und was will ich damit machen? Wo bin ich weiterhin gefordert?
- Was brauche ich jetzt an Aktivität?

Es geht hierbei um geistige, körperliche und soziale Aktivität. Die wiederum können wir einteilen in den formalen, den informellen und den individuellen Teil.

Die *formale Aktivität*, die durch Position und Funktion im Beruf gegeben war, muß in aller Regel weitgehend neu gestaltet werden. Neue Positionen und Funktionen müssen gefunden werden, wenn man weiterhin welche bekleiden will.

Die *informelle Aktivität*, die mit Freunden, Familie, Nachbarn, im täglichen Leben entsteht, ergibt sich am ehesten weiterhin von selbst.

Die sogenannte *einsame Aktivität* dagegen umfaßt all die Dinge, die ich allein tue. Das ist nicht jedermanns Sache, und sie deckt sich nicht mit dem Bedürfnis nach Geselligkeit. Von diesem Zustand haben wir jetzt vielleicht zuviel, sind doch die anderen, mit denen wir so gern zusammen wären, noch im Beruf.

Einsame Aktivität zu gestalten ist eine der schwierigen Lernanforderungen im Frühruhestand. Um diese Aktivitätsform muß ich mich jetzt mehr bemühen, es sei denn, ich atme auf und genieße mein Alleinsein.

Mit einer persönlichen Einstimmung soll der Schritt eingeleitet werden von all dem Rückwärtsschauen, Trauern, Verstehen zum Antwortgeben auf die neue Situation, zur Entwicklung einer persönlichen neuen Perspektive.

1. Übung zur Frage »Durch wen bin ich, wie ich bin?«
Suchen Sie aus jeder Lebensphase Personen, Männer oder Frauen, von denen Sie glauben, daß sie Wesentliches in Ihnen geweckt haben:

    0–7

    7–14

    14–21

    21–28

    28–35

    35–42

    42–49

- Wie würden diese Personen selbst ihren Einfluß auf Sie beschreiben?
- Was haben diese Personen gemeinsam, was Sie betrifft? Wo haben sie mit einem Mund gesprochen, haben sie Hand in Hand gehandelt?
- Was wäre, wenn Sie diese Personen nicht getroffen hätten?
- Wie rollt der eine zum anderen den Ball Ihrer Biographie weiter?
- In welcher Altersstufe fallen Ihnen keine solchen Personen ein?
- Schauen Sie noch einmal an, was da los war!
- Was sagten diese Menschen über den Wert von Arbeit und Beruf, über den Wert des Menschen an sich?
- Was lernten Sie von ihnen über Nichtstun, über Freisein, über Ruhe?

2. Meditative Übung zur Positionssuche
Stellen Sie drei Pflanzen vor sich hin oder Schnittblumen, eine eben im Erblühen begriffene, eine voll erblühte, eine dritte, die im Verwelken begriffen ist. Lassen Sie alle drei zu Ihnen sprechen, spüren Sie diesem Gespräch nach. In welcher Form sind die Pflanzen Spiegel für Sie?

Stellen Sie sich eine vierte Pflanze vor, die Sie selbst darstellt. Schauen Sie sich die Pflanze, die Sie sind, genau an, und seien Sie aufmerksam, welchen Platz zwischen den drei anderen Sie für sie wählen. Geben Sie der Position einen Namen, und versuchen Sie, sie mit Ihrer Wirklichkeit zu vergleichen.

6.5. Wie sich die biographischen Schwellen »öffentlich« lesen. Bestätigung oder Gegenbild?

Im Dezember 1994 erschien in der BILD-Zeitung eine Serie über das Älterwerden. Die »Sechs kleinen Leben«, jeweils mit Geboten versehen, über die der Autor oder die Autorin schreibt – er beziehungsweise sie ist nur mit *** angegeben –, entsprechen nicht den Lebensabschnitten, wie wir sie hier vorgestellt haben, jedoch geben Abschnitte nach den Dekaden 40, 50, 60 aufschlußreichen Einblick in Lebensgefühle von Männern und Frauen unserer Zeit. Sie machen gleichzeitig eine Aussage über das derzeitige Bild der einzelnen Lebensalter in der Öffentlichkeit.

Hier nun also der Originaltext aus der BILD-Zeitung, wobei lediglich die Gebote hier und da gekürzt sind.

»Es tut weh, vierzig zu werden. Dieser Schmerz des Lebens schmiedet deinen Charakter. Neben dir ist ein Freund zusammengebrochen –

tot. Ein Freund eines Freundes hat AIDS, ein anderer Krebs (ein Angstwort der 40jährigen). Du hast Geld verliehen und es nie zurückbekommen.

Vierzig zu sein, heißt stark sein.

Du bist fertig. Du sagst ja zu dir!

Ja zu deinem grauen Haar.

Ja zu deinem Bauch.

Ja zu deiner Frau.

(Ja zu deiner Scheidung.)

Ja zu deinen Fehlern.

Ja zu deiner Karriere.

Ja zum Egoismus.

Mit vierzig biegst du in die Zielgerade des Lebens ein.

Es gibt keine Ausfahrt mehr, keinen Ausweg.

Du siehst das Ende.

Du verlierst die Jugend.

Du verlierst die Träume.

Du verlierst Skrupel.

Du kannst dich nicht mehr anlügen. Du bist, verdammt noch mal, erwachsen!

Es tut gut, vierzig zu werden.

Du schaust nie mehr zurück! Du mußt und darfst im Jetzt leben. Du hast keine Zeit mehr, das Leben aufzuschieben ! Es ist wie eine Wiedergeburt. Du riechst die Blumen neu. Du siehst den blonden Mädchen nach, du lächelst über die Jungs im Cabrio. Du merkst plötzlich, wie glücklich du bist. Du hast die beste Frau der Welt. Du hast ein Haus, das langsam wächst, einen Hund, der auf dich wartet – und noch mindestens 20 tolle aufregende Jahre zu leben.«

Von den hier aufgeführten Geboten für die 40jährigen möchte ich nur eines übernehmen und an die Leser weitergeben:

»Achte auf deinen Körper, er ist dein bester Freund.« Dieses Gebot ist banal und wichtig zugleich, und es ist nicht von ungefähr, daß es bei den 40jährigen steht.[25]

Und weiter heißt es in der Serie:

»Mit vierzig Jahren

... wird der Philosoph Marc Aurel *(Selbstbetrachtungen)* Kaiser von Rom.

... erfindet der schwedische Astronom *Anders* Celsius das Thermometer (1742).

... gründet Henry Ford die erste Auto-Fabrik mit Fließband (»Ford«).

... stirbt das Genie Franz Kafka *(Der Prozeß)* – unverheiratet, unveröffentlicht – an Tuberkulose.

... entdeckt der Portugiese Ferdinand Magellan den Schiffsweg durch den Süden Südamerikas in den Stillen Ozean.«

Soweit der Zeitungsbericht zu den 40jährigen. Er schließt mit Magellan, dem neben Kolumbus eher unbekannten Entdecker. Nach seinem Beispiel sollen andere 40jährige seelisch-biographisches Neuland entdecken. Jetzt ist es endlich nicht mehr zu früh, einem neuen unbekannten Kontinent zuzustreben. Dieser Magellan greift die Erkenntnisse des Kolumbus auf, er erfindet nicht alles neu, aber er geht darüber hinaus und trägt so seinen Beitrag zur Neuentdeckung eines Erdteils, Amerika. In einer Biographie Magellans von Stefan Zweig erfahren wir eindrucksvoll, wie dieser vor dem Nichts steht und sich darüber hinwegsetzt. Vor dem Nichts stehen, das mag nicht die Erfahrung aller 40jährigen sein, aber dafür ist es ein bekanntes Gefühl eines Frühruheständlers.

Seien Sie beruhigt, Sie müssen die Welt nicht mehr neu erfinden, auch nicht Amerika entdecken, Kolumbus war schon da, aber es steht auch einem modernen Magellan zu, über das schon Entdeckte hinaus einen Schritt in eine andere Welt zu wagen.

Gehen wir weiter zu den 50jährigen, die folgendermaßen beschrieben werden:

»Ich bin fünfzig – Halbzeit des Lebens? Gipfel der Karriere? Große Krise?«

Von einigen Berichten von 50jährigen gibt uns die Zeitung einen kleinen, sicher nicht repräsentativen Einblick in das Lebensgefühl dieser Altersgruppe.

»Ich bin Abteilungsleiter im Stahlhandel«, berichtet ein 50jähriger. »Mein Hobby ist die Imkerei. Meine Bienen summen bei einem alten Bauern. Der ist in Rente. Von meinen Schulfreunden arbeitet auch keiner mehr. ›Frührente‹, ›Frühpension‹. Das Wort soll an ›Frühling‹ erinnern, aber es ist der Vorhof zum Tod. Darum haben manche so einen leeren Blick. Ich möchte leben, möchte beweglich bleiben, Neues beginnen – und wenn ich Taxifahrer werde.

Ich ging zu einer Psychologin, die mir raten sollte, wie ich meinen Charakter verbessern könne. Sie sagte kalt: ›Ab 50 therapiere ich keinen mehr‹. Meine Macken bleiben also meine Macken. Ich bin dazu verdammt, nie mehr anders, besser werden zu können!«

»Mein Tag als Sachbearbeiter läuft ab wie das Ritual einer Messe. Ich stehe um fünf Uhr auf, arbeite privaten Kram bis sieben, dann etwas radfahren. Um halb neun ins Büro. Ich komme um 16 Uhr nach Hause, wir reden immer das gleiche: Wie war's im Geschäft? Wie war's zu Hause?

Ich gehe mit meiner Frau ins Kino – immer seltener. Die neuen Filme sind uns zu gewalttätig. Wer älter wird, sieht nicht mehr so gern viel Action und Blut, zum Beispiel *Natural Born Killers* – da sind wir rausgegangen. Demnächst soll ich ›ausgesteuert‹ werden, weil in der Firma die ›schlanke Linie‹ kommt.

Wenn mich der Herrgott abberuft, sei's drum. Ich bin bereit und freue mich jeden Morgen, daß ich noch einmal gesund aufwachen durfte.«

Die Zeitung erscheint mir hier unergiebiger als bei den 40jährigen. Und nicht ganz zutreffend!

Und zu den 60jährigen heißt es schließlich:
»Ich bin 60 – ein bißchen weise, ein bißchen stolz, ein bißchen ängstlich und ein bißchen zwiespältig in meinen Gedanken. Einerseits: Unmöglich, daß ich schon so alt bin!? Ich hab doch noch so viel Power, fühl' mich höchstens wie 40«, schildert ein weiterer Befragter, der hier nicht näher beschrieben wird, seine Situation: »Andererseits: Ich stehe jetzt manchmal am Küchenfenster, sehe die zwei mächtigen Pappeln auf der anderen Straßenseite, den weißbewölkten, blauen Himmel, die roten Dächer und frage mich: Wie viele Sommer und Winter werde ich das noch sehen dürfen? Grelles Zeichen dieser Zerrissenheit: das Klassentreffen nach vierzig Jahren. Die anderen sind schon da, als ich den Saal betrete. Ich erblicke faltige Gesichter, viele Halb- und Vollglatzen, runde Rücken, hefeteigartige Gestalten. Ich höre Gesprächsfetzen wie: ›Ich mach noch zwei Jahre... Ich hab' schon aufgehört... Ach, mein Herz... War vier Wochen im Krankenhaus...‹

Mein erster Reflex: Entsetzen! Was willst du unter diesen alten Leuten? Dann der Gedankenblitz: Mein Gott, du bist ja einer von ihnen. Der da, der so viel über seine Beschwerden lamentiert, das war mal dein Banknachbar. Dann wieder die Abwehr: Nein, so bin ich nicht. Ich bin doch noch voller Kraft. Später am Abend ertappe ich mich beim langen Blick in den Spiegel. Spuren des Alters? Natürlich sind sie da. Tiefe Kerben im Gesicht, schütteres, graues Haar, aber doch noch ganz passabel. Höchstens Mitte fünfzig, oder?

Oder im Beruf. Du willst den jungen Hirschen zeigen, was eine Harke ist. Du kannst es vielleicht noch. Aber insgeheim immer der bohrende Gedanke: sechzig, Tor zum Alter. Du reagierst verletzt auf die harmloseste Bemerkung Jüngerer über Ältere. Du weißt vielleicht: Noch bist du Platzhirsch. Aber da draußen drängeln schon etliche, die dich bald aus dem Revier treiben...

Aber natürlich, die sechzig hat auch gute Seiten. Ich hab fast alle Situationen im Leben schon mal erlebt, bin also mit allen Wassern gewaschen. Ich bin auch finanziell halbwegs unabhängig, ich schnapp' nicht mehr nach jeder Karriere-Wurst, die man mir vor die Nase hält. Ich kann genießen und verschwende auch mal Zeit an Unwichtiges. Zeit wird zwar plötzlich ganz kostbar, und die Ansichten über Wichtiges verändern sich. Alles schön und gut. Aber ob ich hinhöre oder mir die Ohren zuhalte: Die Uhr tickt, und sie scheint schneller zu ticken als in jungen Jahren.« Hier endet sein Resümee.

Wenn 30 das Tor zum Leben ist, 40 der Beginn zum Karriere-Endspurt, 50 der Triumph, auf dem Zenit zu sein, ist 60 der letzte Abschied von Illusionen, da trösten Beispiele wie Picasso, Schmeling, Rühmann kein bißchen. Monolithen heißen so, weil sie einzeln auftreten.

Ich bin nicht Picasso und auch nicht Woolworth, der erst mit 60 seine Billigkaufhaus-Kette gründete. Ich bin ich und im Frühruhestand. Was werde ich gründen? Muß ich denn überhaupt noch was gründen? Worauf kann ich mich gründen? Was muß ich jetzt wirklich?

Ob weitermachen, nachholen, anknüpfen oder neu beginnen, im nächsten Kapitel werden wir uns auf die Suche machen nach dem richtigen, heißt individuellen Konzept, für das es noch so wenige Muster gibt.

Und so endet diese Reise durch die eigene Biographie. In der Schau nach rückwärts haben wir Zusammenhänge und auch Bruchstellen im eigenen Leben aufgedeckt. Nun soll übergeleitet werden zu dem Teil unserer Arbeit, in dem für den Leser Perspektiven der Zukunft aufgezeigt werden.

6.6. Den roten Faden finden –
das Schicksal begreifen

> Das Sein ist eine aus lauter
> Knoten bestehende Linie.

> Friedrich Hebbel

Nicht erst heute suchen die Menschen nach einer Leitlinie in ihrem Leben. Schon in der Antike suchten Menschen Antwort auf die Frage nach ihrer Herkunft und nach ihrem persönlichen Schicksal. Beruf und Zukunft spielten darin eine ebenso große Rolle wie in der Neuzeit, wenn auch in völlig anders verknüpften Lebensmustern. Anders und meist intuitiver als heute fielen auch die Antworten auf die Frage nach dem Schicksal aus. Bei den Griechen und den Römern wie bei den Germanen waren es die Mythen, die Antwort auf die lebensbestimmenden Fragen gaben. Schon dort finden wir das Bild des Schicksalsfadens, welcher, so Otto Betz in seinem Buch *Vom Schicksal, das sich wendet*, jede Biographie durchzieht.

»In vielen antiken Kulturen haben die Menschen nicht auf eine rationale oder gar wissenschaftliche Art Antwort zu geben versucht auf die Frage nach der Herkunft unseres persönlichen Geschicks. Aber der Mythos hat mit seinen Geschichten eine Antwort parat gehabt. Sowohl die alten Griechen wie die Römer, aber auch die Germanen kennen die Vorstellung von den Schicksalsfrauen, den Spinnerinnen, die jedem Menschen seinen Schicksalsfaden zuspinnen. Klotho heißt die eine; sie sitzt am Spinnrad, der Faden ihrer Spindel bestimmt dem Menschen, der gerade geboren wird, sein Leben. Lachesis heißt die zweite; sie bemißt dem Menschen die Länge seines Lebensfadens. Atropos ist der Name der dritten; sie ist die kleinste und schrecklichste unter den Göttinnen des Schicksals; ihre Schere schneidet unerbittlich ab und setzt damit die Grenze des Lebens. Die unbeugsamen Moiren sind es, ›welche den Menschen bei der Geburt schon jegliches Glück oder Unglück zuteilen‹, wie es schon bei Hesiod heißt. Sie haben den Faden in ihren Fingern, fädeln also dem einen die Glückssträhne ein und ordnen dem nächsten eine Pechsträhne zu.«

»Gegen diese Zuweisung des gesponnenen Fadens kann sich niemand auflehnen«[26], so heißt es weiter, davonlaufen könne keiner, auch eine höhere Instanz, bei der man Einspruch erheben könnte, scheint es nicht zu geben; selbst Zeus kann die Vorentscheidung der Moiren nicht beeinflussen, er muß sie ebenfalls akzeptieren. Manipulationen und Eingriffe in das Schicksal erweisen sich auch im irdischen Leben oft als wirkungslos, sie beschleunigen manchmal sogar den Ablauf des Verhängnisses. Der Schicksalsfaden wird abgespult, auch wenn einer mit Bärenkräften sich dagegen stemmt, wie wir eindrucksvoll aus dem Mythos des Ödipus erfahren. Auch kann er seinen Schicksalsfaden, der vorsieht, daß er seinen Vater tötet und seine Mutter heiratet, nicht durch Manipulation beeinflussen.

Mit dem Bild des roten Fadens wird hier uraltes Wissen, das auch heute noch Bedeutung hat, präsentiert.

Ein roter Faden ist zum Beispiel in jedes Tauwerk der königlich-britischen Flotte eingeflochten. Diese individuelle Einfärbung sollte das englische Tauwerk von Tauen anderer Seefahrer unterscheiden, es auch noch nach einem Schiffbruch auf hoher See vor Diebstahl und Verwechslung schützen. Man kann diesen roten Faden nicht heraustrennen, ohne das Ganze zu zerstören. Auch aus den kleinsten Stücken noch wäre ihre Herkunft aus der königlich-britischen Flotte erkennbar.

Das Motiv des roten Fadens hat auch Goethe in seinen Wahlverwandtschaften aufgegriffen. In Ottiliens Tagebuch beginnt die Einleitung folgendermaßen: »Manches Eigene von innigerem Bezug wird an dem roten Faden wohl zu erkennen sein.«[27] Auch hier, wie bei der königlichen Marine, ist es das Eigene, welches sich wie ein roter Faden durchzieht.

Abb. 5: Der rote Faden

Auch wenn das Leben nach der Entlassung nicht eben als ein stabiles Seil gesehen wird, so muß es doch seinen roten Faden nicht verlieren.

Jetzt heißt es, diesen roten Faden zu identifizieren, ihn weiterzuknüpfen, neu zu vernetzen. Die Biographiearbeit sollte ihren Anteil leisten.

Nicht unzusammenhängende Abschnitte zeigt uns die Mythologie, nein, einen einzigen Faden, zugeteilt in seiner Gesamtlänge und nicht willkürlich ausgeliefert. Kein Leben läßt sich in Abschnitte zerteilen. Sobald wir aufhören, das Leben als eine in sich geschlossene biographische Einheit zu denken, verliert jeder Abschnitt seinen Sinn und wird zu einem Rätsel. Persönliche Identität leitet sich aus einem einzigen Lebensfluß ab. Eigentlich steht schon über der Geburt das Thema des roten Fadens.

Die Annahme einer gestückelten Biographie hingegen führt unweigerlich zu dem Glauben, man könne in jeder Altersstufe noch einmal ganz von vorn beginnen. Diese Bereitschaft zu ständigem Neubeginn und das Jungseinwollen in jedem Alter drohen uns in verhängnisvoller Weise von unserem eigenen biologischen und psychischen Prozeß loszulösen. Dennoch scheint dieses Verhalten schon fast zu einer Ausdrucksform modernen Lebens geworden zu sein. Das kann es nur dann sein, wenn dabei nicht das Älterwerden überspielt und der eigene Wachstumsprozeß verhindert wird.

Wie wir gesehen haben, ist ein Menschenleben keinesfalls eine Reihe von unzusammenhängenden Einzelereignissen. Schon bald fällt ein Muster auf. »Wiederkehrende Gestaltimpulse« würden wir es in der Malerei nennen. »Thema« heißt es in der Musik, auch wenn es oft nur aus wenigen wiederkehrenden Akkorden besteht.

Leona Siebenschön schildert in ihrem kleinen Band: *Der achte Himmel. Wie Partnerschaften gelingen* [28], in sehr farbigen Skizzen die Biographien von Paaren. Sie führt uns schicksalhafte Lebenssituationen vor, in denen ein roter Faden sich mit einem zweiten verbindet.

Da ist das Bauernehepaar, dessen gemeinsamer Faden Wetter und Jahreszeit, Saat und Ernte ist, wobei jeder der beiden auch seinen eigenen Faden verfolgt. Da ist Fürst Bismarck, dessen Frau ihren Lebensfaden ganz dem seinen unterordnet und anpaßt. Da ist Eduard VIII., König von England, der wegen seiner Liebe zu einer bereits geschiedenen Amerikanerin den Verlust des Königsthrons hinnehmen muß. Ein Paar, deren beider Fäden für alle Zukunft zu einem verschmolzen. Nur so sind sie stark genug, um nach dem Muster »Zwei gegen den Rest der Welt« ihr Leben als Außenseiter zu bestehen.

Nichts ist so eigenständig und an die Person gebunden wie individuelle Eindrücke, die Geschehnisse hinterlassen haben. So geht es bei der Forschungsarbeit in der Biographie über die objektiven Daten hinaus auch in erster Linie um das subjektive Erleben, das sich nur wenig an begründbaren Fakten orientiert, aber den roten Faden in nachhaltiger Weise ausmacht.

Was, wie das vorzeitige Ausscheiden aus dem Beruf, zunächst als Katastrophe, als nicht vorhersehbare Krise erlebt wird, könnte durch die Rückschau auf die eigenen Lebensphasen zum lebensfördernden Ereignis werden. Jede Lebensgeschichte hat, wie wir gesehen haben, ihre äußere und ihre innere Logik. Mit Bewertungen und der Verallgemeinerung der äußeren Logik sind Außenstehende schnell bei der Hand. »Typisch für sie« oder »Das war ja vorauszusehen«, lauten die Kommentare. Sie werden sogar familienübergreifend oder national: »Bei den Frauen in dieser Familie kannst du davon ausgehen, daß sie erst im dritten Anlauf den richtigen Mann finden«, oder: »Schließlich sind 80 % aller finnischen Männer Alkoholiker.« So wenig wie das letztere stimmt, so wenig genau gelten die vorhergehenden Aussagen, Hauptsache, man hat das einem selbst so fremde Leben zugeordnet, auch wenn es eine fragwürdige Zuordnung bleibt.

Schwer gibt die innere Logik ihre Ordnung preis. Die Konzentration auf die biographischen Abläufe, wie sie hier vorgestellt wurde, ist eine von mehreren Möglichkeiten, um aus der inneren wie auch äußeren Logik Zukunftsaspekte und Möglichkeiten der Entwicklung herauszufiltern. Erst wenn beide in Kontakt gebracht werden, die Dinge der äußeren Wahrnehmung und die Eindrücke der inneren Welt, kann Verdrängtes und Vergessenes auftauchen, sein Geheimnis preisgeben und die Energie ins Positive gewandelt werden. Damit werden wir uns im nächsten Abschnitt, der auf die Zukunft gerichtet ist, befassen.

6.7. Den Blick nach vorn richten – Zukunft gestalten und umsetzen

Ein zielloser Mensch
ist ein ratloser Mensch

Victor Frankl

An Ideen und Vorschlägen für die Zukunftsgestaltung hat es noch nie gefehlt. Davon kann man allerorten hinreichend bekommen, und am

Mangel an Ideen ist auch noch selten ein neues Konzept gescheitert, wohl aber an der Strategie und dem Mut des Umsetzens und an der Energie, es vor sich selbst und nach außen hin darzustellen und es gegen Widerstand – auch nach beiden Seiten hin – zu verteidigen.

Tetje mit de Utsichten (Theo mit den Aussichten) nennt man das in Norddeutschland, »große Rosinen im Kopf«, sagt man anderswo. Oft machen wir ja auch einen Anfang und setzen einen ersten kleinen Meilenstein, aber das so grandios Ausgedachte entspricht beileibe nicht dem Resultat. Und dann? Wieder aufgeben, resignieren, den Verhältnissen die Schuld in die Schuhe schieben, sich vom Weltschmerz einfangen lassen? Oder einen Weg aus der großartigen Sackgasse finden?

Ruth Cohn, die die Methode des lebendigen Lernens und Arbeitens entwickelte und lehrt, gibt uns hierzu einen hilfreichen Hinweis: »Fast nie bist du absolut ohnmächtig, es sei denn, du bist in Unfreiheit gefangen oder krank. Aber solange du relativ gesund bist und mit wenig Einschränkung leben kannst, so lange bist du auch partiell mächtig, entscheidungsmächtig.«[29] Das ist auch für den neuen Lebensabschnitt der Entlassenen zu beherzigen und als Möglichkeit zu nutzen.

Wir sind nie völlig autonom und nie völlig abhängig mit dem, was wir tun und entscheiden. Freiheit findet immer da ihren besten Ausdruck, wo der Mensch die ihm gegebenen Spielräume verantwortlich nutzt. Selten wird der Raum zwischen vermeintlichen Grenzen optimal ausgetestet und genutzt; ein Großteil dieses Raumes gleicht einer Art Niemandsland, in dem nie ausprobiert wird, ob und wo eigentlich der einschränkende Zaun steht. So könnte ein Frühruheständler eine Menge Niemandsland für sich entdecken und es fruchtbar machen. Es scheint ein hoher Preis zu sein, den selbstbestimmtes Handeln kostet. Ist es nicht doch einfacher, sich bestimmen und verwalten zu lassen? Die Verantwortung ist dann beim anderen, und es gibt obendrein einen Sündenbock, auf den man schimpfen kann. Meist aber merken wir erst spät – wie unsere eigene Geschichte und die Lebensläufe anderer uns lehren, zu spät –, welchen Preis an persönlicher Freiheit dieses Geschehenlassen fordert.

Geschehen lassen oder dem »Flow« begegnen, dieser noch unbekannten Kraft, die der Langeweile entgegenwirkt. Ihm wollen wir uns auf den nächsten Seiten zunächst einmal zuwenden.

6.8. Den Flow entdecken –
der Langeweile Einhalt gebieten

Bei allen Umfragen und persönlichen Gesprächen habe ich wenige Früh-und »Normal«-Rentner gefunden, die explizit über zuviel Zeit klagten, wohl aber über Langeweile, wenn auch in mehr oder weniger versteckter oder verschlüsselter Form. »Zeitmanagement ist immer Selbstmanagement« ist zwar für viele aus Firmenzeiten bekannt, in der neuen Situation scheint diese Einsicht aber noch wenig umsetzbar. Es sind meist die Partnerinnen und Ehefrauen, die diesen Aspekt beklagen.

Auch hier betrifft die Langeweile als Auswirkung des Nichtbeschäftigtsein die Frauen nicht so stark. Als Partnerbetroffene dagegen hört man sie sagen:

»Am meisten habe ich Angst davor, er könne sich langweilen. Dann muß ich Programm machen oder mir das Genörgel anhören oder ein schlechtes Gewissen haben, weil ich selbst keine Langeweile habe. Ich bin ja auch nicht in den Ruhestand entlassen worden. Er ist es! Alle meine Vorschläge zur Betätigung bringen es auch nicht. Sie langweilen ihn genauso, oder er macht es so umständlich akribisch, daß wir Streit bekommen. Dabei hat er doch jahrelang gesagt: ›Ich komme zu nichts..., wenn ich nur mehr Zeit hätte..., immer bleibt was liegen‹. Die von mir befragten Männer äußerten ihrerseits allerdings keine Angst davor, daß ihre Frauen sich langweilen könnten, womit sie meist recht hatten. Was macht den Unterschied aus? Langeweile, eine besondere Eigenschaft von Männern? Angst vor Langeweile, eine Sorge der Frauen um ihre Männer oder gar eine Sorge um ihre eigene Freiheit? »Soll ich denn sein Animateur werden? Es genügt schon, daß ich all die Jahre gebraucht habe, um mein eigener Animateur zu werden.«

Langeweile als Begleiterscheinung einer hochkultivierten Arbeitsgesellschaft, als Ergebnis von Monotonie und Konsum, von Einheitsprodukten und Massentourismus? Ja und nein, denn auch ungenormte Tätigkeiten, solche, die der elementaren Lebensgestaltung dienen, immer wiederkehren und im Prinzip frei gestaltbar sind, wie zum Beispiel die Hausarbeit, langweilen ebenso, wenn sie zur zwingenden Alltagsroutine werden.

Da hackt zum Beispiel jemand Holz und zündet lustvoll seinen Kamin an. Wie langweilig Holzhacken ist, versteht er erst, wenn sich der Öllieferant um drei Tage verspätet. »Die Pathologie der Normalität«, sagt Erich

Fromm, »ist eine allgemein verbreitete Krankheit, die aber als Krankheit nicht erlebt wird.«[30]

»Am siebten Tage sollst du ruhn« heißt es in der Bibel, doch wer hält das noch ein? Nicht etwa als Gebot war das gedacht, sondern als Zuspruch, als eine Sache, die uns guttut und die Körper und Geist aufatmen läßt. Doch das Gegenteil ist der Fall. Ein ruhiger Sonntag ohne Verabredungen und die dazu nötigen Anstrengungen wird nicht nur als langweilig, sondern laut einer breiten Umfrage schlimmer noch als Streß erlebt. Dieser Sonntagsstreß soll nun im Nachberufsleben zum Werktagsgefühl werden? Jetzt soll von Montag bis Freitag Wochenende sein?

Nichts scheint so unerträglich wie völliges Nichts-zu-tun-Haben, aber es ist schwer, dazu zu stehen und schwerer noch, dieses zuzugeben. »Wir haben mal so richtig gefaulenzt«, heißt das dann, aber das läßt sich nur so locker sagen, wenn jedem klar ist, daß sonst Fleiß und Arbeit die Szene bestimmen. Zwischen der Angst vor Langeweile und der Sorge, man fände nichts zu tun, und dem Gefühl, man wäre ein Faulenzer, muß der Schlüssel für die vollen Terminkalender der Nachberufler zu finden sein.

Victor Frankl weist darauf hin, daß ein Mensch erst dann richtig mündig ist, wenn er sich im »aufgabenfreien Zustand« ähnlich wohl fühlt wie im schwerelosen Zustand. Den kennen allerdings wirklich nur ein paar Astronauten. Im übertragenen Sinn müssen wir es so verstehen: Die Herausforderung zum Tätigsein ist wie eine Schwerkraft, die den Menschen seine irdische Existenz spüren läßt. Ihr Fehlen läßt ihn »in der unbekannten Schwerelosigkeit schweben«[31]. Einen solchen krassen Wechsel vom Sog der Schwerkraft zum Schwebezustand erleben Menschen nach ihrer wie auch immer gestalteten Entlassung. Es ist wie das zu schnelle Hochkommen eines Tauchers, wie der plötzliche Stopp nach einer schnellen Fahrt. »Von 110 auf 0«, hörten wir von einem Betroffenen. Da ist es nicht verwunderlich, daß zunächst die Langeweile auf den Plan tritt.

Von früh an entwickeln wir schon unsere typischen Langeweile-Auslöser, habe ich mich in *Psychologie Heute*[32] belehren lassen. Langeweile wird durch individuelle Eigenschaften und Verhaltensweisen ausgeübt, so die Erklärung der Psychologie. Was hat es damit auf sich, und wie kann uns das Wissen helfen, nicht nach den falschen persönlichen Perspektiven Ausschau zu halten? Im wesentlichen handelt es sich um *vier Faktoren*, die Auslöser für Langeweile sind:

Zunächst ist da der Typ, dessen Lust am Mitmachen und Mitgestalten relativ groß ist. Im Beruf hatte er gewöhnlich eine Position, die Aktivität von ihm verlangte und bei der er im Team mit anderen Erfolge und Spaß haben konnte.

Damit ist nun Schluß, und er gerät in die fatale Lage, seinen Aktivitätswunsch nur ungenügend umsetzen zu können. Beim ersten Ausschauhalten findet er keine geeignete Tätigkeit und niemanden, mit dem er ein Team bilden könnte. In der Situation der Ratlosigkeit liegt die Langeweile auf der Lauer. Hauptgesichtspunkt für eine Zukunftsperspektive sollte für einen solchen Menschen daher unbedingt das Suchen nach Aktivität mit anderen sein. Das gilt nicht für jeden. Ein anderer erlebt seine Befriedigung im eigenbestimmten Tun.

Als zweiten Typ unter den Gelangweilten treffen wir auf jemanden, der stets nach außen orientiert war. Bahn, Straße, Flugzeug, Hotel oder Baustelle waren seine Welt. Hier genoß er das umtriebige Leben. Treffen und Getroffenwerden sind seine Welt. Das Ende des Berufs hat ihm gründlich die Flügel gestutzt. Ohne all diese Erlebnisse langweilt er sich. Je mehr sie im nachberuflichen Entwurf Raum bekommen dürfen, um so mehr wird er der Langeweile entkommen. Sobald er eine Tätigkeit mit ähnlicher Mobilität gefunden hat, wird der Alltag wieder zufriedenstellend gefüllt sein.

Ein weiterer, dritter Typ von Gelangweilten zeigt uns ein ganz anderes Verhaltensmuster. Diese Männer und Frauen haben in Zeiten zunehmender Spezialisierung wie den heutigen, auch aber als Spätfolge der Kriegs- und Nachkriegsjahre nur sehr einseitige Fähigkeiten und Interessen entwickeln können oder wollen. So verfügen sie zwar über ein recht übersichtliches, fachliches Wissen – da sind sie tüchtig und lebendig –, werden aber die typischen Spezialisten, die sofort abschalten, wenn von etwas anderem die Rede ist. Ein betretenes Schweigen ist die Reaktion ihrer Umwelt. »Er macht mich dumm mit seinem hohen Fachwissen«, hörte ich einmal jemanden sagen, oder »Er langweilt mich und ich langweile ihn. Jede unserer Verabredungen endet schon nach der ersten Tasse Kaffee, weil er außer von den Verschiebungen im Weltklima von nichts anderem spricht«. »Ja, wer eben gut mit einem Hammer umgehen kann, dem ist die ganze Welt ein Nagel,« wie das Sprichwort heißt. Im Beruf haben diese Spezialisten sicher auf solch einem Nagelplatz gesessen, als Frühpensionäre bekommen sie Schwierigkeiten. Zwei Wege könnten diesen Langweiler aus drohendem Alleinsein herausführen. Entweder er sucht den steinigen Weg vom Individualisten hin zum Generalisten, erweitert sein Repertoire, seine Interessen, wird vielseitiger, wenigstens schritt-weise. Oder aber er schafft sich einen eigenen Arbeitsbereich, bleibt Spezialist mit eigenem Angebot, kann häufig auch mit viel Befriedigung in den Hobbybereich umsteigen, wo er seinesgleichen findet.

Schließlich sind bei einem vierten Typ die sehr ausgeprägten individu-ellen Bedürfnisse Mitverursacher seiner Langeweile. Bekommt er für seine speziellen Wünsche kein geeignetes Forum und reicht die Energie für ein lautes Aufbegehren nicht aus, so schlägt seine Enttäuschung schnell in Langeweile um. Ich kannte zum Beispiel vor Jahren einen For-scher, der sich so auf die Erforschung von Kleinstlebewesen in stehen-den Gewässern eingeschossen hatte, daß man ihm in seinem Wissen nicht folgen konnte, aber auch kein anderes Thema erörtert werden durfte.

Was sind nun die Schlüssel, um diese Schleusen für die Langeweile nicht auch noch freiwillig zu öffnen? Ich schlage vor:
– den Radius der Aktivitäten zunächst ein wenig kleiner zu gestalten, um ihn aus der Beschränkung heraus neu zu gestalten
– die nach außen gerichtete Orientierung auf einem anderen Betäti-gungsfeld zu suchen. Eher extrovertierte Menschen lernen zurückge-zogenes Leben nur schwer freiwillig, und es behält etwas Angelerntes
– die gelernten Fertigkeiten und Fähigkeiten einem neuen Abnehmer-kreis gemäß auf dem Markt anbieten
– ein Lernender werden, der dann mit neuen Kenntnissen wuchern kann
– eigene Regie übernehmen für das Stück, das auf der eigenen Lebens-bühne gespielt werden soll

Welche der vorgenannten Variationen der Langeweile uns auch erwischt, kein Ferienangebot, im Stil des Club Méditerranée etwa, könnte sie auf Dauer auffangen. Ähnlich wie dort wird für Frühentlassene im kommer-ziellen Rahmen eine Menge angeboten. Wer nicht gern weit wegfährt und weniger finanzielle Mittel hat, kann einfach vor Ort die Angebote »im Kreise Gleichgesinnter« wahrnehmen. Die diesbezüglichen Vereine und Vermittlungsstellen lassen sich an allen Orten finden. Aber alle Konsum-angebote vertreiben die Leere nur für kurze Zeit.

Ich glaube nicht an eine Dauer dieser Art von Lebensgestaltung, es sei denn, sie bleibt, was sie ist: ein schöner, interessanter, abwechslungs-reicher Ausgleich für den Alltag, eine erholsame Unterbrechung zielge-richteter Tätigkeit und eine Quelle der Kraft für diese. Ein Gefühl von Pseudo-Dazugehörigkeit und Pseudo-Geschäftigkeit will mich nicht loslassen. Hier soll das Unmögliche möglich gemacht werden: Von außen soll Leben gestaltet werden, das sich nur von innen gestalten läßt. Ganz zu schweigen davon, ob es denn jemanden gäbe, der einem auf Dauer attraktive Angebote machen könnte. Ich möchte hierbei nicht falsch verstanden werden. Eine Menge sogenannter Freizeitangebote sieht zwar zunächst wie Zeitvertreib aus, aber ganz allmählich kann ein sinnvolles zielgerichtetes Handeln daraus entstehen. Was mit einem Sprachkurs in der Volkshochschule begann, mündete zum Beispiel in eine Übersetzertätigkeit für ausländische Kinder; die Teilnahme an einer Sportgruppe mündete in die Organisation solcher Möglichkeiten für andere. Wo Konsum nur Konsum bleibt, nutzt sich das aktive Lebensgefühl ab.

Vielleicht sind Sie bis jetzt der Langeweile durch viel Arbeit entflohen und sind gerade im Begriff, ihr durch mehr Genuß und Konsum erneut in die Arme zu laufen. Ich fürchte, durch beides geraten Sie nur noch mehr in die Leere, ist der Nachholbedarf erst einmal gestillt.

Nun treffen wir aber gelegentlich Menschen, die weder in die Falle des einen noch des anderen Langeweileverhaltens geraten. Dabei ist ihnen Langeweile kein fremder Begriff, aber sie haben dazu meist keine Zeit – der Flow, auf den wir gleich genauer eingehen, hat sie erwischt.

Mary ist eine von ihnen. »Ich habe endlich die Reichtümer meiner Vergangenheit begriffen. Mein Leben in zwei Kontinenten gehört zu ihnen, auch mein geschärfter Blick für soziale Mißstände hat meine Entwicklung geprägt. Da ist noch viel mehr. Das soll nicht brachliegen bleiben«, sagte sie mir, nachdem sie sich auf die Biographiereise begeben hatte. Mary ist 60jährig kürzlich aus leitender Stellung einer Fortbildungsinstitution entlassen worden, in der sie sehr aufgegangen ist und die ihr Werk war.

»Nun gilt es, das Aufschlußreiche der Vergangenheit«, wie sie sich ausdrückt, »auch wirklich aufzuschließen, es der Zukunft zuzuführen und zu konkretisieren. Im Institut werde ich nicht mehr gebraucht, da störe ich eher. An Aufhören ist für mich aber gar nicht zu denken.«

Das war vor ein paar Monaten. Inzwischen hat Mary eine Stiftung ins Leben gerufen, die sich in einem relativ abgelegenen Landstrich Deutschlands um die Belange junger Familien kümmert. Hier fließen ihre Reichtümer jetzt ein, und damit ist nicht in erster Linie Geld gemeint. Materiell muß es auch stimmen, aber zu ihren obengenannten Schätzen entdeckte sie noch andere: den Schatz der großen Erfahrung im Umgang mit Menschen, die ihrerseits auf dem Weg der Veränderung sind. Mit solchen hat sie Tag für Tag zu tun gehabt und dabei gelernt, wo Menschen ihre Sehnsüchte haben und wie destruktiv sie oft mit ihren Hoffnungen umgehen; den Schatz, einen langen Zeitraum von politischer und gesellschaftlicher Entwicklung miterlebt zu haben, schützt sie vor kurzlebigen Konzeptentwürfen. Als ausgesprochener Schatz hat sich ihr multikulturelles Leben inzwischen entpuppt, das ihr über Jahre so viel Mühe gemacht hat. Für die neue Tätigkeit ist das Wissen um Vielfältigkeit im Miteinander ein hoher Wert geworden. Und nicht zuletzt eine nicht unwesentliche Fähigkeit: Mary weiß, wie man Finanzierung organisiert.

Was sich zunächst gar nicht so spektakulär liest und nicht die große Neugierde weckt, eine Stiftung für junge Familien, ist für unser Stichwort Perspektive jedoch in zweifacher Hinsicht von Interesse: Die Erlebnismöglichkeiten aus Marys Berufszeit sind zum einen wieder zum Zuge gekommen, und zum anderen ist jenes Getriebensein von einer Idee, die sich auch gegen Widerstände durchsetzen will, die sie nicht in Ruhe läßt, der Motor für eine neue, zielgerichtete Aktivität. Daraus erhält diese ihre Lebendigkeit.

Menschen wie Mary, die nicht nur kurzfristig Zufriedenheit ausstrahlen, sind meist solche, die in ihrem Tun aufgehen, die ihre Sache auch dann nicht aus den Augen verlieren, wenn sie sich vorübergehend von ihr abwenden. Es ist wie ein innerer Antrieb, der sie steuert und in Konzentration hält. Bastler, Entdecker, Sammler sind oft wahre Virtuosen darin, diesen Zustand herzustellen. Nichts kann sie ablenken; sie vergessen sich und die Welt, wenn sie bei ihrer Sache sind.

Flow nennt der ungarisch-amerikanische Psychologe Mihaly Csikszentmihalyi dieses oben beschriebene Erlebnis und führt uns damit in eine positive Denkrichtung für die Entdeckung neuer Tätigkeitsfelder im Frühruhestand.

Positiver Antrieb, innerer Drang, Aufgehen im Tun, so würden wir das Flow-Erlebnis in unserer Sprache nennen. Wenn der Flow-Zustand erreicht ist, folgt Handlung auf Handlung, wie nach einer selbstverständlichen Logik. Es ist ein einheitliches Fließen von Schritt zu Schritt, wobei der Tätige sich als Meister seines Handelns erlebt. Er gibt sich diesem Erlebnis des Tuns hin, um sein selbstgestecktes Ziel zu erreichen, nicht in erster Linie um einer Belohnung willen. Wer in seinem Flow-Erlebnis ist, befindet sich außerhalb von Angst und Langeweile, oft auch außerhalb jedes Zeitgefühls und kann sich nur schwer, oft murrend von seiner Tätigkeit lösen. Die Gedanken wandern nicht zu anderen Dingen oder Menschen, und der Körper ist positiv gespannt und wach. Bei solchem

Aufgehen im Tun werden die eigenen Möglichkeiten richtig eingeschätzt. Überforderung ist dabei selten zu bemerken. Überfordere ich mich selbst, entstehen Spannung und Angst, die mich lähmen, unterfordere ich mich aber, so entsteht jene Langeweile, die nur eine andere Form jener Spannung ist.

In den letzen Jahren versuchte Csikszentmihalyi, Flow-Möglichkeiten auch im Alltag »gewöhnlicher« Menschen zu finden: »Lassen sich Arbeit, Spiel und Kommunikation so organisieren, daß sie ›an sich‹ Freude machen, ohne daß materielle Anreize oder die Anerkennung durch andere nötig sind?« lautete seine Frage. Sein Ergebnis ist ein bedingtes Ja. Flow ist möglich, wenn wir lernen, Situationen so zu strukturieren, daß sie das Tun selbst zum Ziel haben. Das ist es, was Erfüllung in den neuen Lebensabschnitt bringt, allerdings unter der Voraussetzung, daß die Bereitschaft zu Anstrengung und Mühe, zu Ausdauer und Verbindlichkeit vorhanden ist. »Manchmal kann es dann sogar gefährlich werden, konfliktreich, anstrengend wie im Berufsleben«, fand Csikszentmihalyi heraus, »nie aber langweilig«[33].

Ein Flow-Erlebnis ist sehr sensibel für Störfaktoren, sei es eine Störung von außen, sei es eine falsche Zeitkalkulation oder vorschnell gegebene Zusagen an andere. Ist der Prozeß der fließenden Handlung allerdings erst einmal unterbrochen, so ist die Verschmelzung von Handlung, Bewußtsein und zielorientiertem Denken schnell aufgehoben. Dann scheint alles in sich zusammenzubrechen.

Es erfordert eine konzentrierte Hinwendung zur Tätigkeit, bis ein scheinbar mühelos erreichtes Ergebnis vor uns steht. Wir kennen es vom Ballett: Was so leicht aussieht, ist das Resultat von hoher Konzentration und dauerhaftem Willen zu Leistung und Erfolg.

Das scheint für viele vorzeitig aus dem Arbeitsleben Ausgeschiedene ein schwieriges Kapitel zu sein. »Was immer ich tun werde, es darf nicht in Arbeit ausarten!«, stellte einer meiner Gesprächspartner vor unser Fragegespräch und vor sein Pläneschmieden. Inzwischen sehe ich ihn arbeiten, fleißig, gelassen, engagiert und mit hoher Konzentration. Er erzählt auch viel von seiner neuen Tätigkeit, bei weitem mehr als vorher von seinem Beruf. Es läßt sich nicht verleugnen, das Zwillingspaar Lust und Können haben sich hier gefunden, das wirklich arbeiten Wollen, und die Lust, sie scheint wie von selbst gekommen zu sein. Das ist besagter Flow.

Was wäre Lust ohne Leistung? Hier könnten Frühruheständler Zeichen setzen, könnten die lustbetonte Leistung quasi zu einem Prestigeobjekt ihrer neuen Generation machen.

Zwei Dinge sind dem Flow und den Menschen, die ihm begegnen, eigen: Sie setzen sich darüber hinweg, was andere über sie und über das, was sie tun, denken. Die Erfüllung liegt für sie nicht in der Wirkung nach außen, wohl aber in der Verantwortung nach außen. Mag sein, daß diese Einstellung nach langer Berufstätigkeit neu erworben werden muß. Sie ist eine der wichtigsten Voraussetzungen für die freie Gestaltung von Leben. Die gestellte Aufgabe selbst und ihre Bewältigung gibt die gültige Rückmeldung. Bei aller Lust am Tun sollte man schon auch ein Ziel im Auge haben. Nur tun ist zuwenig. Wie sonst kann man feststellen, ob man weitergekommen ist, ob man fertig ist und ob das Resultat den Vorstellungen entspricht?

Ein Ziel also, welches dem Flow Spielraum für seine Einfälle läßt. Beides klingt simpel, aber wer kennt nicht dieses pausenlose Vorsichhinwerkeln, bei dem am Abend der Eindruck entsteht, man habe nichts getan? Da kommt schnell die wehmütige Erinnerung an das fertige Produkt am einstigen Arbeitsplatz auf.

Schauen Sie sich um:

– Wen sehe ich vor meinem inneren Auge von einem Flow-Erlebnis gefesselt?

– Wie waren/sind die Bedingungen, die das zulassen?

– Ich gehe dem roten Faden in meinen Leben nach – wo hat es Flow-Erlebnisse bei mir gegeben, womit waren sie gefüllt, wie waren die Einstiegsbedingungen, wer oder was schützte mich und meine Tätigkeit?

– Was waren die Flow-Erlebnisse in meinem Beruf, welche will ich weiterhin versuchen?

Nie waren es die Bedingungen oder die sogenannten Verhältnisse, die den Flow verhinderten, fast immer war und bin ich es selbst. Flow-Erlebnisse möglich machen – das wäre eine gute Perspektive.

7. Neue Schritte gehen – Perspektiven entwickeln

Alles, auch die Gestaltung des Lebens nach dem Beruf, fängt bei mir selbst und bei meinen Entscheidungen an. So soll die Suche nach einer neuen Perspektive nachberuflicher Lebensgestaltung mit den Versen von Paul Roth eingeleitet werden, die jeden Leser ganz persönlich ansprechen:

JA ODER NEIN!

Man kann sich nicht
ein Leben lang
die Türen alle offenhalten,
um keine Chance zu verpassen.
Auch wer durch keine Tür geht
und keinen Schritt nach vorne wagt, dem fallen Jahr für Jahr
die Türen eine nach der anderen zu.
Wer selber leben will,
der muß entscheiden
mit JA und NEIN
im großen und im kleinen.
Wer sich entscheidet – wertet, wählt,
und das bedeutet auch – Verzicht
Denn jede Tür, durch die er geht,
verschließt ihm viele andere.
Man darf nicht mogeln
und so tun,
als könne man errechnen und beweisen,
was hinter jeder Tür geschehen wird.
Ein jedes JA –
auch überdacht, geprüft –
ist doch ein Wagnis
und verlangt ein Ziel.
Das ist die erste aller Fragen:

Wie heißt das Ziel,
an dem ich messe Ja und NEIN?
Und: Wofür will ich leben?

So kann ich mich nur selbst fragen, welche Tür für mich längst zugeschlagen ist, wie es in dem Gedicht heißt, welche dagegen sich jetzt erst öffnen. Für welches Ja habe ich mich ohne zu mogeln entschieden, für welches Nein? Es gibt auch im nachberuflichen Leben keine unbegrenzten Möglichkeiten, wie Magier und Zauberer uns vorgaukeln wollen. Es gibt keine technische Machbarkeit, wie die Menschen sich selbst oft einreden wollen. Die Magie, der Zauber und die Machbarkeit liegen im Menschen selbst. Warum sollten nicht wenigstens eine Prise Magie, ein Teelöffel Zauber, ein paar Gramm Glück und der Schatz der Einmaligkeit das Märchen vom eigenen Leben weiterschreiben? Jetzt keinen Wunsch mehr ans Leben zu haben wäre selbst in einem Senioren-Ratgeber ein naiver Anspruch. »Du kannst an keiner Stelle mit eins beginnen«, sagt uns Hugo Kükelhaus.³⁴ Für mich wird das Resignative dieser Aussage mit dem Tröstlichen ausgeglichen: »Du mußt bei keiner Stelle mit eins beginnen. Es gibt immer schon den Fundus, den du mitbringst.« In der langen Reise durch die Biographie wurden die Schätze ans Licht gehoben, die uns nicht erst bei eins anknüpfen lassen. Genaues Betrachten beruflicher Erlebniswelten ließ Erlebnisumfelder entdecken, die wir uns erhalten oder neu schaffen wollen.

Wenn ich mit Menschen etwas zu tun haben will, muß ich mit Menschen etwas tun! Was tun die Menschen, mit denen ich zu tun haben möchte, was ich mittun könnte? Diese Überlegungen sind für diejenigen bestimmt, die das Erlebnis des gemeinsamen Wirkens, der Teamworks und der Gruppenarbeiten wieder aufleben lassen möchten.

Die anderen dagegen, die eher Introvertierten, die heilfroh sind, daß sie diesen ganzen Menschenrummel hinter sich haben, werden eine andere Frage stellen müssen: »Welchen Anlaß zum Tätigsein will ich jetzt schaffen? Was will ich tun, entwickeln, verwirklichen, und wen brauche ich dazu? Mit wem würde ich kooperieren, von wem mir zuarbeiten lassen?« Während bei dem zuerst beschriebenen Typ die Personenorientierung die treibende Kraft ist, ist es hier die Sachorientierung, die die Richtung weist. Ob das eine oder andere vorherrscht, hängt in hohem Maße von der Persönlichkeitsstruktur ab und ist in keiner Weise mit einem Falsch oder Richtig, Gut oder Schlecht zu beurteilen. Hier gilt, vorbehaltsloser als jemals im Berufsleben, »Ich bin ich, und für mich soll es passen.« Der Prozeß der Zukunftsgestaltung verläuft ähnlich wie Problemlösungs- oder Innovationsprozesse, deren Gestaltung im Arbeitsalltag den meisten noch hinlänglich bekannt ist. Immer geht es dabei zunächst um eine ausführliche Analyse der jeweiligen Situation und deren Entstehung. Dann folgt die Benennung der Problemlage, die Antwort gibt auf die Frage:»Womit bin ich im Moment nicht zufrieden?«Jetzt erst können die Zielsetzung für den neuen Lebensabschnitt formuliert und die Schritte benannt werden, die dorthin führen sollen. Jeder Entwurf dieser Zukunftsgestaltung bedeutet Nachdenken auf zwei Ebenen:

- auf der faktischen Ebene, auf der es darum geht, die Ausgangslage und die Problematik sachlich richtig zu verstehen und solche Entscheidungen vorzubereiten, die realistisch und wirkungsvoll umzusetzen sind;
- auf der emotionalen Ebene; dagegen sollen andere Faktoren wirksam sein wie Freude an der Arbeit, Aussicht auf Lob von anderen, sympathische Mitstreiter und möglichst wenig Angst vor Versagen.

Beide Ebenen beeinflussen sich gegenseitig. Man kann in diesem Zusammenhang auf die Analogie des Eisberges zurückgreifen: Gut sichtbar, oberhalb der Wasseroberfläche ist die sachlogische Ebene des Entscheidungsprozesses. Unterhalb der Wasseroberfläche, in ihrem Ausmaß oft schwer erkennbar und selten exakt erfaßbar, befindet sich die emotionale, zwischenmenschliche Ebene, die Probleme schafft, wenn sie zu wenig berücksichtigt wird. Bekanntlich ist ein Eisberg unterhalb der Wasseroberfläche nicht nur größer, sondern auch schlechter kalkulierbar. Für uns heißt das: Jedes sachliche Vorgehen zum Finden einer neuen Wirkungsstätte kann nur in dem Umfange wirksam sein, wie es durch die emotionale Ebene unterstützt oder blockiert wird. An sich gut durchdachte Lösungen werden scheitern, wenn wichtige menschliche Interessen und Bedürfnisse der Betroffenen nicht berücksichtigt wurden.

Damit wird auch deutlich, daß es sich beim Lösen von Problemen immer um drei Gestaltungsprozesse handelt:

1. die Gestaltung der neuen Aufgabe als solcher
2. die Gestaltung des Weges dorthin, auf dem wie gesagt nicht nur die sachlogischen, sondern auch die emotionalen Defizite Berücksichtigung finden müssen, und
3. die zeitliche Gestaltung des Neuanfangs.

Eine durchführbare Lösungsalternative enthält daher immer Vorschläge zu allen drei Aspekten. Eine gute Systematik bei der Lösung von Zukunftsperspektiven ist ein wirksamer Baustein im Selbstmanagement.

Häufig wird im Alltag von der ersten Idee sofort auf die Maßnahmen-ebene gesprungen – ohne ausreichende Überprüfung der Durchführbarkeit auf lange Sicht. Die Folgen sind in der Regel Energieverlust und falsche Investitionen oder teure, zeitaufwendige Korrekturmaßnahmen. Eine alte Weisheit sagt:»Wenn du wenig Zeit hast, dann nimm dir viel davon am Anfang.« Oft werden sonst Vorschläge anderer oder frühere Erfahrungen ungeprüft übernommen – eine kostspielige Art des Zeitsparens. Nur aus der Wechselwirkung von sachlogischen Entscheidungen und emotionalem Wohlbefinden kann eine haltbare Zukunftslösung entstehen. Ziel dieser Lösung muß folgenden Kriterien erfüllen:

– die zu erwartende Entwicklung der Nachfrage. Es hat wenig Sinn, heute eine vielleicht noch aufwendige Qualifizierung oder Finanzierung anzustreben für etwas, von dem sich abzeichnet, daß es morgen so wenig gebraucht wird wie die Arbeit, von der ich gerade Abschied genommen habe.

– der Zeitrahmen der Wiedereingliederung sollte nicht zu lange dauern. Ein mehrjähriges Studium etwa ist für die meisten zu aufwendig, um die Spannkraft für eine Berufsausübung wachzuhalten. Häufige Ursachen unbefriedigender Lösungen finden sich deshalb in einem Mangel an klaren Zielen.»Ich sollte vielleicht...« ist bestenfalls eine Absichtserklärung, führt aber selten zu einer konkreten neuen Tätigkeit. Auch ein erster Probeschritt ist hilfreicher als die resignative Aussage »Es geht ja doch nicht!«

7.1. Meine persönliche Zukunftswerkstatt

Die diagnostische Seite der Neugestaltung ist nun abgeschlossen. Geduldige und sorgfältige Beschäftigung mit der Vergangenheit hat uns das Material gegeben, aus dem wir jetzt in systematischem Vorgehen die Zukunft gestalten. Auch hier lasse ich den Leser – wie bei der Biographiearbeit – in seinem Prozeß des Suchens allein. Jetzt heißt es kombinieren und kreativ werden, und das kann nur individuell geschehen. Es gelingt um so besser, je mehr man bereit ist, auch einmal eine Anstrengung auf sich zu nehmen. Wie im Arbeitsleben, so hängt auch im Frühruhestand – ja wie schon in der Schule – das Gelingen eines Planes von der Einsatzbereitschaft ab, aus der ich zwar müde, aber zufrieden oder stolz, mitunter auch verzagt hervorgehe. Mit der schon erwähnten Angst, ja nichts in Arbeit ausarten zu lassen, kann sich ein frühzeitig Entlassener rasch ins Aus setzen. Die Bereitschaft zur Anstrengung muß auf alle Fälle vorhanden sein, und sie hat viele Gesichter. Manchmal bedeutet Anstrengung erhöhte Mobilität, manchmal ist auch der Zustand der Ruhe und des Wartens, in dem Ideen und Gedanken sich formen können, mit erhöhter Anstrengung verbunden, und das will gerade jetzt neu geübt und gelernt werden. Diese Bereitschaft der Anstrengung dient hier nicht mehr vorrangig der Karriere, dafür um so mehr einem möglichen Glück. Diese nachberufliche Anstrengung sollte darum nicht nur in Zahlen gemessen werden, wohl aber in Zufriedenheit und Glück.

Wenn man sich mit Menschen liebevoll befaßt, dann entdeckt man sehr schnell: Die Willensstärke ist unterschiedlich, das Antriebspotential ist verschieden, die Intelligenz ist verschieden, die Frustrationstoleranz, die emotionale Kraft oder Kondition ist verschieden. So viele verschiedene Gesichter wird auch das nachberufliche Glück haben.

7.2. Der Herausforderung antworten

Nicht Arbeit als solche soll jetzt gesucht werden, nicht unbedingt Erwerbstätigkeit, auch nicht unbedingt ehrenamtliche Beschäftigung, aber etwas, das als Handeln, als eine Tat-Sache mich als Individuum erkennbar macht, eine Tätigkeit, in der ich lebe, grüble, meine Fragen stelle und mich ärgere.

Wenn diese erlebnisschaffenden Tatsachen durch einen weiterführenden Beruf, eine Erwerbstätigkeit, ein Ehrenamt zu erreichen sind, warum nicht? Aber ebenso wird ein anderer über die Schiene Hobby, Studium, soziales Engagement, über einen Schrebergarten oder eine Tätigkeit im Familienverbund, über politisches Unbequemsein zu seinem Stand kommen. Hier schließen einige Fragen an, die Ihnen helfen können, konkret tätig zu werden:

- Wann oder wo wurde ich schon einmal, wenn ich es positiv ausdrücke, freigesetzt? Was hat mir geholfen, den Anschluß zu finden (keine theoretischen Begriffe wie zum Beispiel Mut, sondern die konkrete Handlung, zu der der Mut mir verholfen hat oder die Verzweiflung)?
- Was sind meine momentanen zeitlichen Dreh- und Angelpunkte, an denen ich möglichst festhalten will?
- Welche Tradition und welche Selbstverständlichkeit aus meinem bisherigen Leben soll es auch in Zukunft möglichst noch beziehungsweise nicht mehr geben?

- Habe ich schon eine Zielvorstellung von meiner nachberuflichen Tätigkeit? Ich versuche sie zu formulieren.
- Was sind meine Muß-Ziele (vielleicht auch in finanzieller Hinsicht)?
- Was sind darüber hinaus meine Wunsch-Ziele?
- Was darf auf keinen Fall geschehen?
- Welche Ausrüstung bringe ich aus dem Beruf mit? Jeder hat eine Grundausstattung an Wissen und Können, welche bei der Entlassung nicht in der Firma zurückgelassen wird. Funktionen müssen zurückgelassen werden, nicht aber das Rüstzeug, mit dem ich ausgestattet bin. Das ist mein eigenes Kapital.
- Wie will ich dieses teure Gut in Zukunft auf dem neuesten Stand halten?
- Wie will ich mein Rüstzeug auf dem Markt bekannt machen, anpreisen? Ohne Auf-sich-aufmerksam-Machen und Eigenwerbung wird man nicht gefunden!
- Wer sind meine Energie-Fresser, und wie will ich ihnen begegnen?
- Wo sind meine Energie-Quellen?
- Wie kann ich einen Beitrag zur Allgemeinheit leisten?
- Wer sollen jetzt meine Weggenossen sein? Ohne einen Kreis von Menschen außerhalb der Familie will ich nicht leben. Einmal noch Freunde finden, wie geht das?
- Was will ich jetzt allein machen, wo als Einzelperson auftreten, wo als Paar oder mit anderen Partnern?
- Meine Lust, mein Können, mein Wollen wird auf ein Angebot aus dem aktuellen Umfeld stoßen, und meine Frage wird lauten: Willst du dafür jetzt leben, willst du auf diesen Ruf Antwort geben?
- Wie nenne ich mich jetzt?
- Wie wird meine neue Visitenkarte aussehen?
- Was soll mein erster Schritt sein?

Dieser erste Schritt ist vielleicht der schwerste, aber es ist auch der erste Schritt in eine neue Hoffnung. *Hoffnung* haben Otto und Felicitas Betz[35] in ihrem Buch *Tastende Gebete* dieses Gedicht genannt, das die Perspektivegedanken abschließen und überleiten soll zu den Gestaltungsversuchen anderer, denen ein Teil ihrer Hoffnung schon Wirklichkeit geworden ist.

HOFFNUNG

Ich weiß nicht, was morgen kommt.
Natürlich schaue ich nach vorn.
Aber wer sagt mir, daß ich in meinen Erwartungen nicht
enttäuscht werde?
Die Griechen empfanden die Hoffnung nicht als eine Tugend.
Wer viel erhofft, wird viel enttäuscht, sagten sie sich.

Freilich: wer nichts mehr erhofft,
hört auf zu leben.
Es steht nichts mehr vor ihm.
Es geht keine Bewegung aus, die nach vorn drängt.
Das Mögliche wird nicht beschworen,
so bleibt es unverwirklicht.

Ich ertappe mich dabei,
wie ich mich einzurichten beginne im Geviert des Berechenbaren.
Was durch Erfahrung gesichert ist, das wird akzeptiert.
Das Noch-nicht-Gedachte bleibt im Unerreichbaren.
Die sieben und acht Schritte werden abgeschritten,
der neunte Schritt wird nicht versucht.
Ist es nicht vielleicht der neunte Schritt,
der sich als der eigentlich lohnende erweisen wird?
Wie kann ich über das erforschte Terrain hinausdenken?
Trägt das Eis, das ich betrete?

Mit Staunen nehme ich die neuen Kräfte wahr,
die aus dem Vertrauen wachsen.

7.3. Vier Gestaltungswege für das Leben danach

Einige meiner Interviewpartner besuchte ich, Wochen oder gar Monate
später, ein zweites oder drittes Mal. Der Moment des aktuellen Ausscheidens war nicht vergessen, aber der Prozeß war weitergegangen.
Beim zweiten Interview fand ich sie schon in einer veränderten Lebenswirklichkeit.

»Für was ist es zu früh, für was ist es zu spät, für was ist der Zeitpunkt gerade richtig?«, wurde für viele zur entscheidenden Frage. Eine Gesprächspartnerin hatte sie auf ihre Art beantwortet: »Ich habe mich entschieden, eine ›Weitermacherin‹ zu sein. Das ist mein eigentliches Ergebnis dieser nachberuflichen Wochen. Die Weitermacherin, eine von vier Möglichkeiten der nachberuflichen Lebensgestaltung, scheint am besten zu mir zu passen.« Diese Feststellung und ihre entschlossene Zufriedenheit machten mich neugierig. Ich bin der »Weitermacherin« auf den Fersen geblieben und habe die drei anderen Typen aufgespürt. Die Autoren Gabriele Gerngross und Gerhard Berger haben hierzu einen lesenswerten Beitrag geleistet. Sie beschreiben vier Typen, die deutlich machen, daß die Dinge, die sie in ihrer nachberuflichen Phase tun, genauso verschieden sind wie ihre Wohnform, ihre Art, den Alltag zu gestalten oder ihre Reisen zu planen. Jeder macht sich auf seinen Weg. Den Weg der *Weitermacher* schlagen besonders solche Menschen ein, die auch vorher ihre Zeit und Arbeit relativ eigenständig einteilen konnten, meist in Berufen, die ihnen eine Pseudo-Selbständigkeit gaben: Verwalter von Magazinen und Häusern, Einkäufer in Versandgeschäften, Pharmaindustrie- oder andere Vertreter, Bauleiter. Nach der Trennung von der Firma haben sie zwar Not mit einem neuen Kundenkreis, aber die »Ware« und das Angebot sollen vergleichbar bleiben. Ehemalige kirchliche Mitarbeiter machen oft in ähnlicher Position ehrenamtlich weiter. Das halten sie selbst oft für leichter als die betroffene Zielgruppe und vermeiden damit in nicht seltenen Fällen die an dieser Stelle notwendige Auseinandersetzung mit dem Umbruch. Die Anknüpfer sind von der Orientierung her den Weitermachern nahe. Sie nehmen persönliche Kompetenzen und fachliches Wissen mit und versuchen es anderweitig einzusetzen. Das kann in einer Stiftung sein, in einer Freizeitorganisation oder in sozialem Engagement. Vom Typ her stellen sie eine andere Frage als der Weitermacher. Während dieser sein Angebot weiterhin verkaufen will, fragt der Anknüpfer danach, wo er gebraucht wird. Zu diesem Typ gehören vor allem Menschen, denen schon immer soziale oder politische Fragen unter den Nägeln brannten oder die ganz einfach am Leben und Zusammenleben von Menschen Interesse fanden. Bei beiden Typen zieht sich vor wie nach dem Berufsende ein roter Faden des Engagements durch ihr Leben.

Zu diesen Weitermachern fällt mir eine kleine Erzählung des Südseehäuptlings Papalagi ein: »Wie oft habe ich verspürt, daß man sich für mich schämen zu müssen glaubte, wenn man mich fragte, wie alt ich sei, und wenn ich lachte und dies nicht wußte.« – »Du mußt doch wissen, wie alt du bist.« – »Ich schwieg und dachte: Es ist besser, ich weiß es nicht.«[36] Eine typische Reaktion eines Weitermachers ist, daß er sich über sein Alter keine Gedanken macht.

Die anderen beiden Typen, die *Befreiten* und die *Nachholer* beschreiben Berger und Gerngross als solche, bei denen Zwänge, ungeliebte Tätigkeiten, Mehrfachbelastungen vorherrschten, die eher zwangsläufig zu ihrem Beruf kamen, als daß sie ihn auswählten und durch eine Ausbildung aufbauen durften. Besonders die Befreiten erleben die Zeit nach dem Beruf als ein völlig neues Leben, für sie ist der frühe Ruhestand zunächst einmal ein Geschenk. »Für mich war es nur Erleichterung. Ich hätte singen können und wußte gar nicht, wo ich zuerst hingehen sollte. Alle Leute habe ich angerufen. Jetzt wurde mir erst richtig klar, wie langweilig und ungeliebt dieser Sachbearbeiterposten war. Meinen Kolleginnen geht's da auch nicht besser. Ich will nie mehr müssen, was ich nicht will«, schilderte Frau F. (52) ihre Befindlichkeit. Es blieb nicht allein bei diesem Befreiungsgefühl, aber so weit sind wir noch nicht!

Für eine große Zahl von Menschen mag aber das Befreitsein zutreffen. Zunächst – um dann doch lieber Anknüpfer oder gar Nachholer zu werden: neue, andere Ansprüche ans Leben und an sich selbst zu haben. Aufgeschobene Wünsche doch noch verwirklichen, studieren, andere Handwerke lernen, nicht reisen wie die Befreiten, nein, umziehen. Intensiv und ernsthaft Neuland betreten.

Menschen, die als *Nachholer* bezeichnet werden, sind solche, denen die vorausgegangene Biographie viele Träume unerfüllt gelassen hatte und die zu ihrem Glück nun eine lange Wegstrecke vor sich sahen, von der sie sich das bislang Verweigerte noch – oder endlich – holen wollen. In einem späten Stadium machen sie vor den schwierigsten Lernstoffen nicht Halt; in einer Art nachgeholter Wanderjahre gehen sie auf die ausgefallensten Reisen.

Sie waren relativ zufrieden bis jetzt und im Beruf durchaus mit sich selbst im reinen. Auch war ihre Tätigkeit keine Qual für sie, gern hätte sie auch noch bis zur normalen Rentengrenze dauern können. Aber die Sehnsucht mit Namen »Wenn erst...« und der Reiseführer von Mexiko standen schon lange auf Abruf bereit. Nun ist es eben früher so weit.

Es wird mehr Wege geben als diese vier Möglichkeiten, sie können nur Anregung sein, den individuellen Schwerpunkt zu finden.

7.4. Der Beruf nach dem Beruf –
wie andere ihren Weg gefunden haben

Was ist zu tun?
Die Welt läßt sich nicht ändern,
solange der Mensch nicht bereit ist,
das Wagnis der Unsicherheit,
das allein Leben möglich macht,
auf sich zu nehmen.

Hugo Kükelhaus [37]

Neben den eben Entlassenen, die wir im ersten Teil des Buches kennengelernt haben, galt mein Interesse natürlich in erster Linie denen, die den Neugestaltungsprozeß schon begonnen oder bereits hinter sich hatten. Also begab ich mich auf die Reise, zu Fremden und zu uns im Verlauf der Texte schon Bekannten, zu solchen, die einen neuen – vorläufigen – Stand gefunden hatten und wieder zur Ruhe gekommen waren.

Änlich wie die Leser, so haben auch die Interviewpartner eine Einführung in die Erlebnisbereiche, wie Marie Jahoda sie gerne anbietet, bekommen. Im Austausch untereinander und mit mir konnten sie aus der Distanz des Entlassenseins noch einmal nachprüfen, wie sie die einzelnen Bereiche am Arbeitsplatz mit Leben gefüllt hatten. Da wurden Situationen erinnert, die immer noch Frustrationen weckten, oder solche, über deren Verlust sie nach wie vor trauerten. Andere hatten sie gern hinter sich gelassen. Der Arbeitsplatz war, wie gesagt, über viele Jahre der Dreh- und Angelpunkt für das Leben. Die Jahre danach sind nicht mehr die Restkategorie vom Leben, sobald man einen neuen Dreh- und Angelpunkt findet. Um aus dem Leben nach dem Beruf zu erzählen, habe ich den Gesprächspartnern ein Gerüst von Fragen angeboten, welches auf besagten Erlebnisbereichen basiert.

Es soll hier nicht weiter unterteilt werden, wurde es doch von den meisten nur als Anregung genutzt. Vielleicht nehmen Sie sich ein wenig Zeit, um Ihr eigenes Konzept zu überprüfen oder zu entwickeln, ehe Sie sich deren Beantwortung zuwenden.

Mögliche Fragen:
– Wenn Sie morgens aufstehen, welcher Tagesplan erwartet Sie dann?
  Gibt es zeitliche Fixpunkte, von denen Sie wissen, daß Sie sie heute

oder im Laufe der Woche einzuhalten haben? Und wie ist es zu diesem jetzt gültigen Zeitplan gekommen, zu den zeitlichen Pflichten? Waren andere Menschen oder zwingende Umstände außer Ihnen selbst daran beteiligt?

- Gibt es Personen oder Situationen, denen Ihre Zeitplanung jetzt womöglich im Wege steht? Wer gerät durch Ihre neue Situation in Druck und sieht sich gezwungen, seinerseits zeitlich neu zu disponieren?
- Wie erleben Sie Ihren Schlaf- und Wachrhythmus, Ihren Rhythmus zwischen Tätigsein und Ruhe?
- Was bringt Sie jetzt in Streß, Eile, außer Atem?
- Was und wie sind jetzt die »langen Weilen«?
- Zu welchen Genüssen fühlen Sie sich jetzt hingezogen, und wo finden Sie keinen Zugang?
- Wem sind Sie nun Kollege, wem Konkurrent? Oder gibt es das nicht mehr, Verlust oder Gewinn?
- Ihre Frau, Ihr Partner, auch die engsten Freunde werden auf Dauer nicht in die »Kollegen- bzw. Konkurrentenlücke« springen wollen. Welche Ideen haben Sie für diesen Erlebnisbereich entwickelt?
- Welchen Sachen, Erkenntnissen, Themen gilt jetzt – wo das Berufliche nicht mehr gefragt ist – Ihr Interesse? Womit befassen Sie sich jetzt, oder womit würden Sie sich gern befassen?
- Gibt es etwas, daß Sie jetzt »Ihr Werk« nennen, allein oder mit anderen zusammen, für das Sie lernen, lesen, sich engagieren, vielleicht sogar kämpfen?
- Was haben Sie inzwischen dafür getan, was versucht? Was scheint nicht mehr zu gelingen? Wovon haben Sie sich gern verabschiedet, und warum gern und wovon ungern?
- Wer sind jetzt Ihre Freunde und Bekannten, sind es noch die gleichen wie zur Berufszeit? Oder haben sich vielleicht ganz andere Kontakte ergeben?
- Wo nehmen Sie jetzt Einfluß, wo haben Sie Mitbestimmungsrecht, wer ist jetzt von Ihrem Urteil abhängig?
- Wovon sind Sie nun abends müde, was hat Ihr Körper zu tun bekommen, Ihre Muskeln, Ihre Lunge, Ihr Herz?

Mit diesen Fragen im Kopf gehen wir nun auf die Besuchsreise, die uns auf erstaunliche Beispiele stoßen läßt. Wir schließen diesen Abschnitt mit einigen Anregungen für Initiativen. Diese sollen nichts weiter als Anregung sein, sich auch im eigenen Umfeld einmal umzuschauen nach alternativen Lebensgestaltungen.

1. Besuch: Anna – Erfahrung und Wissen weitergeben

Sie ist 62 Jahre alt. Seit sie vor vier Jahren als Lehrerin ausgeschieden ist, engagiert sie sich mit großem Fachwissen, mit ihrer langjährigen Erfahrung und persönlichen Kompetenz in der Lehrerfortbildung in Osteuropa. Davon berichtet sie so:
»Ein erstes Mal bin ich hingefahren. Das ist nun schon drei Jahre her. Die Einstiegskontakte stammen noch aus meiner Zeit im Schulamt. Ich habe geschaut, welche Lernschritte nötig sind und ob ich die richtige Person dafür bin.

Ich bin zurückgekehrt an meinen Wohnort und habe die neue Landessprache einstudiert, mich vorbereitet, ausgetauscht mit anderen, die ihrerseits Erfahrungen in osteuropäischen Ländern haben.

Dann bin ich wieder hingefahren und lehrte ein erstes Mal, diesmal noch mit Dolmetscher, dabei habe ich Informationen sammeln können. Ich bin zurückgekehrt, habe weiterstudiert und bin wieder hingefahren, jedesmal mit neuer Kompetenz.«

Sprachbegabt ist sie und lernbegabt und davon überzeugt, daß sie sich wirklich engagieren will mit jener Verbindlichkeit, die weit über das »Hineinschnüffeln« oder über ein Abenteuer hinausgeht. Mehrmals nun schon hat sie die gleiche Stadt, die gleiche Schule, die gleiche Lehrergruppe besucht. So entstand neue Kontinuität für Anna und ihre Schüler. »Es macht nicht immer Spaß«, sagt mir Anna, »diese weiten Reisen, diese Temperaturen, die beschwerlichen Unterrichtsbedingungen. Aber es macht immer Freude.« Jene Freude eben, die dann entsteht, wenn Sinn sichtbar wird. Das schafft Spaß allein auf Dauer nicht.

Anna ist alleinstehend und ohne Familie. Ihrem Freundeskreis widmet sie die Zeit, die eben bleibt. Durch ihre interessanten Erzählungen von Land und Menschen in der Ferne ist sie eine begehrte Gesprächspartnerin geworden. Sie schafft damit manche Brücke von hier nach dort, es ist für sie ein ganz neues Bezugsfeld entstanden. Andere überlegen, ob sie ihr gleich tun. Und immer wieder sind es neue Impulse aus dem alten Beruf, die sie für ihre neue Aufgabe verwendet. Anna geht es gut, das spürt man, und von einer konstruktiven Unruhe beseelt.

2. Besuch: Jutta –»Ich bin nicht aufgeräumt«

»Ich bin plötzlich wieder die Jüngste.«
»Ich finde das innere Kind wieder.«

Das sind die ersten tiefgreifenden Erfahrungen dieser alleinstehenden Frau in den ersten Monaten ihres vorzeitigen Ausscheidens aus dem Beruf. Sie war zu dieser Zeit 56 Jahre alt. Ihr Referat in einer kirchlichen Bildungsstätte wurde aufgelöst. Sie hat noch keinen endgültigen Entwurf für den neuen Stand, aber ihre Suchbewegungen haben eine Richtung: Sie will interessante Themen für Frauen in Gesprächskreisen umsetzen und für sich dabei Kontakte finden. Hier schreibt sie ihren Brief, es könnte ein Brief an die Leser sein.

»Liebe Freundinnen! Nun bin ich seit einem Jahr im sogenannten Ruhestand und erledige immer noch alles in letzter Minute! Womit ich auch schon bei einer Erkenntnis aus diesem Jahr bin: was seit Jahren eingeschliffen ist, bis hin in körperliche Bewegungen, Verspannungen, ›auf dem Sprung sein‹, ›unter Druck sein‹, das läßt sich nicht einfach abstreifen wie ein getragenes Kleid.

Ich räume immer noch ständig irgendwas um, will es praktischer, schöner, einfacher haben. Und dabei stelle ich fest, daß ich wohl noch einen zweiten Durchgang beim Aussortieren machen muß. Kürzlich mußte ich mir sagen: ›Ich bin nicht aufgeräumt.‹

Das trifft's wohl... Und so bin ich wohl vorläufig noch mit Ordnen beschäftigt. ›Nachlaß ordnen‹ mit allen damit verbundenen Abschiedsgefühlen. Wie dem auch sei: Ich habe gemerkt, daß einiges noch endgültig verschwinden muß, ehe ich für Neues aufgeräumt bin.

Ich spüre, daß ich nach insgesamt 35 Jahren intensiver Arbeit mit Menschen einfach müde bin und mir sehr genau überlege, welche Dinge mich jetzt noch interessieren. So habe ich zum Beispiel einen Computerkurs und einen Selbstverteidigungskurs für Frauen ab 50 Jahren mitgemacht. Allmählich beginne ich auch wieder Supervision zu geben, d. h. ich helfe Jüngeren dabei, ihre Arbeit mit Frauen zu reflektieren. Freiberuflich arbeiten ist eine ganz neue und aufregende Erfahrung für mich. Und ansonsten bin ich noch dabei zu überprüfen, wo ich weiter Kontakte halten will und wo ich mich lieber verabschiede.

Es beschäftigen mich Fragen wie: Wo bekomme ich jetzt Informationen her, die im Beruf einfach auf meinen Tisch flatterten, Informationen, die mich in Gang setzen und eventuell zum Handeln animieren.

Und noch eine Erfahrung ist erzählenswert:

Letzten Sommer war ich auf Usedom. Ich habe ›mein‹ Kinderheim in Ahlbeck wiedergefunden (eine alte Frau sagte mir, daß jetzt viele aus dem Westen kommen und ›ihr‹ Kinderheim suchen...) und bin auf Spurensuche nach meinem ›inneren Kind‹ gegangen – das war wirklich aufregend – und nötig. Jedenfalls hat mir ›mein‹ Kind erklärt, daß es sich nicht so schnell unterkriegen läßt – und da muß ich ihm recht geben! Hier auf Usedom, wo ich als Kind wegen der Hamburger Bombennächte eine Zeitlang gelebt habe, hatte ich überraschenderweise das Gefühl, nach Hause gekommen zu sein, und war rundum glücklich.

Merkwürdig...

Eine weitere wichtige Erfahrung ist, daß jetzt plötzlich ehemalige Kolleginnen wieder aus der Versenkung auftauchen. Ich bin wieder die Jüngste, nachdem ich im Dienst lange Jahre immer die Älteste war. Dieses Gefühl, eigentlich zwischen zwei Generationen zu stehen, hat mich mein Leben lang begleitet. Jetzt ist es neu da und bedeutet ja vielleicht etwas über meine Person hinaus für meine Generation?

Was mich sonst noch beschäftigt? Die Lebenssituationen älterer Frauen und wie die feministische Bewegung damit umgeht. Feminismus war ja schon beruflich mein Thema. Der Wertewandel im Leben von Frauen, das interessiert mich nach wie vor. Ich denke, Frauenarbeit muß ihre Ziele und Prioritäten heute neu definieren – nicht nur wegen der knapper werdenden Finanzen. Jetzt habe ich mich ordentlich in Rage versetzt! Vielleicht sollte ich doch wieder mehr schreiben, denn wenn ich mich aufrege, entstehen die besten Texte! Aber bisher war da immer eine Sperre...

Wut und Ärger im Zusammenhang mit meinen Themen, das wird mich lebendig halten und anspornen. Damit kann ich nach wie vor ›auftreten‹, ich weiß nur noch nicht wo.

Ich habe mit sechsundfünfzig aufgehört im Zuge der anstehenden Stellenstreichungen, aber auch weil ich diese Arbeit, bei der ich immer tausend Sachen gleichzeitig im Kopf haben mußte, nicht mehr schaffte und mich gern auch noch einmal mit etwas anderem als Frauenarbeit beschäftigen wollte. Merkwürdig, nun habe ich schon fast wieder Lust zu Frauenarbeit.

Doch ich merkte auch, was noch wichtiger ist als mein Alter, daß meine Zeit vorbei war. Ich glaube, es war genau der richtige Zeitpunkt. Wahrscheinlich wäre es besser gewesen, vor etwa zehn Jahren noch einmal etwas Neues zu beginnen oder mit Ende 40. Aber das habe ich verpaßt,

und so habe ich erst jetzt den Freiraum, etwas wirklich Neues anzufangen, und merke, es ist zu spät.
Aber vor allem Kontakte muß ich pflegen oder herstellen. Und es fehlt mir noch ein neuer Rhythmus, mit dem ich leben kann; daran probiere ich noch herum – aber es hat ja nun Zeit! Es ist ein langer Brief geworden, und im Schreiben hat sich für mich vieles geklärt.«

Es mutet eindrucksvoll an, wie Jutta ihre Biographiereise nicht nur auf dem Papier vollzieht, sondern hinfährt an einen Ort ihrer Kindheit, dort einen Teil von sich entdeckt, für den sie jetzt erst wieder Zeit hat.

3. Besuch: Lisa – Ja zu neuer Verantwortung

Den neuen Rhythmus, nach dem Lore noch sucht, hat eine andere Gesprächspartnerin schon gefunden. Lisa hat nicht lange experimentiert, den Tages- und Wochenplan aus der alten Lebenssituation mitzunehmen gab Sicherheit auf neuem Terrain. Disziplin kennt sie, mag sie und macht sie sicher. Warum aufgeben, was sich bewährt hat?

Lisa ist 57, auch alleinstehend, sie kommt aus einer höheren Führungsposition im konfessionellen Bildungsbereich. Auf meine Interviewfragen antwortete sie spontan: »Der geregelte Rhythmus tut mir gut.« Sie hat einen festen Tagesplan wie selbstverständlich beibehalten:

6.30 Uhr	Aufstehen
7.30 bis 8.30 Uhr	Zeit zur Besinnung
8.30 Uhr	Frühstück
9.00 bis 12.00 Uhr	Schreibtischarbeit: Telefonate, »Studieren« und Besorgungen
12.00 bis 13.00 Uhr	Küche und Hausarbeit
13.30 bis 14.00 Uhr	Essen, Ruhen und Lesen

An den Vormittag zu Hause schließt sich ein Nachmittag draußen an:

ab 14.30 Uhr	Aufgaben außer Haus:
	– Einsatz für Obdachlose und Drogenabhängige, eine Aufgabe, die auf mich zugekommen ist und für die ich mich dann entschieden habe.
	– Begleitung älterer Menschen (freigewählte Aufgabe)
	– Unterschiedliche Kontakte mit einzelnen Menschen

	– Monatlich wiederkehrende Treffen mit Gruppen

        – Monatlich wiederkehrende Treffen mit Gruppen

Zu den 19.00 Uhr-Nachrichten wieder zu Hause:
        – Abendbrot
        – Lesen, Fernsehen oder...

ab 22.00 Uhr   Schlafengehen möglich

Außerdem berichtet sie:

»Ich versuchte, trotz Tages- und Monatsstruktur flexibel zu bleiben für spontane Anlässe und Situationen. Je mehr Aufgaben ich übernehme, um so schwieriger wird dies. Im ›Zuviel‹ sehe ich eine Gefahr, aber das war schon immer mein Problem, speziell zu viel für andere: aber Dasein für alles und alle, das soll nicht mehr mein Lebenssinn sein.

Da ich mich in verschiedenen Gruppen um verschiedene Sachen kümmere, gibt es unterschiedliche ›Wir-Beziehungen‹. Wie die Sache es verlangt, so finden wir uns zusammen.

Mein neues »Wir«, das ist mein neuer Kollegenkreis, das ist die Suchtkrankenhilfe, das ist das Dienstagsteam der Mitarbeiter im Projekt für die Obdachlosen, Suchtkranken, die zum Essen kommen. Das sind auch die Teilnehmer/innen der Seminare. Mit all denen bin ich sehr zufrieden. Ich erlebe auch weiterhin in Gruppen kollegiales und konkurrierendes Verhalten. Ich mag letzteres noch genauso ungern wie im Beruf. Doch auch ich habe anscheinend meine Anteile daran mit in den Vorruhestand genommen. Ich erlebe in verschiedenen Teams und Gruppen sowohl bei mir selbst als auch auch bei anderen ein Ringen um Einflußnahme und Macht bis hin zu Machtkämpfen. Ich erfahre jetzt mehr persönliche, nicht mehr so sehr institutionsbezogene Unterstützung, Auseinandersetzung, Anerkennung und Korrektur. Das ist neu und schön. Ich wußte nicht, daß ich wirklich wichtig bin. Das merke ich jetzt mehr als vorher.

Entlastend würde für mich sein, keine verantwortliche Leitungsfunktion mehr zu haben, dachte ich bei der Pensionierung. Trotzdem bin ich in bestimmten Situationen immer wieder versucht, diese alte Rolle zu übernehmen. Es ist so schwer, sie loszulassen. Sie ist so viele Jahre einstudiert, und eine andere Rolle kann ich garnicht.

Wenn ich ehrlich bin, ich mag sie auch gern, und warum sollte ich sie jetzt, kurz nach dem Ausscheiden, nicht mehr mögen oder sie nicht mehr ausfüllen können? Gut, daß ich das gemerkt habe und für mich gesorgt habe. Und dies sind noch einmal meine Themen, hier bündeln sich meine Interessen mit meinen Fähigkeiten:

a) *Suchtkrankheiten in unserer Gesellschaft*
Ursachen, Entstehung, Folgen, Umgang mit suchtkranken Menschen, Hilfen...
b) *Altwerden, Altsein in unserer Gesellschaft*
Suche nach dem Sinn des Lebens im Alter. Chancen – Gefahren – Möglichkeiten im Alter, Miteinander der Generationen...
c) *Begleitung von Menschen, die älter sind als ich*
d) *Leben aus dem Glauben*
Nicht nur Theologie, sondern vielmehr deren praktische Umsetzung ins Leben, geistliche Begleitung...«

Und schließlich berichtet sie noch:
»Ich habe mir beraterische Hilfe geholt, um den Abschied zu bewältigen. Außerdem mußte ich ganz konkret meine Nachfolgerin suchen und wußte nicht, wie. In der Beratung ist so manches aus der Kindheit noch einmal hochgekommen, was ich lange vergessen hatte. Erst dann haben wir vage über die Zukunft geredet. Ich habe mir viel Zeit gelassen, bin nach dem Ausscheiden fünf Wochen weggefahren. Dann habe ich alle 150 Abschiedsgrüße, die ich bekommen hatte, einzeln mit einem handschriftlichen Brief beantwortet. Aus dem Abstand gesehen, war das wohl das Wichtigste, um den Schritt in die neue Aufgabenstruktur zu tun. Nun bin ich jemand anders und doch noch die gleiche.«

Ja, Lisa hat in den vielen Beratungsstunden ihre Biographiereise intensiv und nutzbringend durchlebt.

4. Besuch: Peter und Gerda –
Noch einmal auf die Schulbank

An die Frankfurter Johann Wolfgang Goethe-Universität ist seit wenigen Jahren die *Universität des dritten Lebensalters* e.V. angegliedert. Offenbar entspricht dieses Angebot einem Trend, denn bereits mehr als 40000 Studenten kommen aus dieser Altersgruppe. Es werden gezielt Beratungs- und Informationsveranstaltungen abgehalten, die älteren Erststudierenden beispielsweise wissenschaftliche Arbeitsgrundlagen nahebringen oder Orientierungshilfen bei der Zusammenstellung ihrer Stundenpläne leisten. Neben Kontaktstudien sind es besonders die Fächer Geschichte, Psychologie, Theologie, Kunst beziehungsweise Kunstgeschichte und Literatur, die diese Studierenden interessieren. Allerdings suchen die älteren Studenten nur selten ein Vollstudium, Prüfungen wollen sie nur begrenzt ablegen, und ein Diplom ist nicht mehr so wichtig. Über die unverbindliche Form einer Gasthörerschaft soll es allerdings doch hinausgehen. Die Volkshochschule, die ja ähnliche Angebote bereithält, soll es aber auch nicht sein. Sie erinnere zu sehr an die Nebenherbildung während der Berufszeit, heißt es, und komme daher für diese Spätstudierenden nicht in Frage.

Peter, ein 51jähriger Programmierer, ist einer von diesen Spätstudierenden. Er wurde aus seiner Firma als einer von vielen kürzlich vorzeitig entlassen. Finanzielle Sorgen hat er nicht. In einer Gegend, in der die Arbeitslosenquote nicht hoch ist, wäre es mit seiner breit angelegten Berufserfahrung nicht allzu schwer, eine neue Tätigkeit zu finden. Er dagegen hat sich ohne langes Nachdenken zu einem Studium entschlossen.

»Was Ihr anderen als erstes getan habt, tue ich als letztes. Das heißt, ob es das letzte ist, weiß ich natürlich nicht. Ich will wissen, wie Studieren geht. Vielleicht weiß ich nach drei Semestern genug. Aber ich habe auch schon Theologen in der Wirtschaft gesehen und einen Chemiker als Akademieleiter. Wer weiß, wo ihr mich noch sehen werdet.«

Gerda, 57, ehemalige Einkaufsleiterin, studiert seit kurzem, und sie beschreibt ihren spontanen Entschluß so:

»Auf dem Wege zum Älterwerden dachte ich, um Gottes willen, bald wird sich gar nichts mehr bewegen in deinem Leben, und dann entdeckte ich, daß da jetzt eine Chance ist, meinen eigenen Interessen nachzugehen, selbst etwas in Bewegung zu setzen.« Sie entschied sich zunächst für Humangenetik, dann für Biologie, »weil ich was Modernes studieren wollte«, wie sie sagt. Als Gasthörerin fand sie einen Platz, der auch für Menschen ohne Abitur zugänglich ist.

Es ist nicht einfach für sie. Nach festgefügten Berufsjahren jetzt diese Freiheit des Studentenlebens. »Ich muß da durch«, sagt sie, »einmal noch muß ich so richtig durch was durch. Das ist schon viel zu lange nicht mehr geschehen. Aber meine alten Freunde, die darf ich dabei nicht verlieren. Das ist wichtig, denn neue Freunde unter den jungen Studierenden zu finden, das ist ein Kunststück.«

In der japanischen Tradition wird im Gegensatz zu europäischen Gepflogenheiten das Lernen im Alter ohne Wenn und Aber positiv bewertet. Es gibt keine gesellschaftlichen Vorstellungen darüber, daß das Lernen ausschließlich der Kindheit oder Jugend zuzuordnen sei. Unser deutsches Sprichwort:»Was Hänschen nicht lernt, lernt Hans nimmermehr« beeinflußt dagegen hierzulande die Aufnahme eines Studiums in fortgeschrittenem Lebensalter zumindest unbewußt negativ. Die erste sogenannte Altenuniversität in Japan eröffnete schon im Mai 1954. Die Schule erhielt den Namen Rakusei Gakuen,»Schule für ein vergnügliches Leben«[38]. Weder Peter noch Gerda noch die anderen finden das Studieren immer vergnüglich. Harte Arbeit waren sie gewöhnt, aber Selbstorganisation und sich einer Prüfung stellen, das konnten sie in dieser Form nicht. Nur dann jedoch kommt man über ein Hobby hinaus in den Genuß der oben erläuterten neuen Erlebnisbereiche.

5. Besuch: Herr S., mit 52 Jahren in den vorgezogenen Ruhestand geschickt, Betriebshandwerker

»Zuerst war es schrecklich, ich bin nur ziellos durch die Straßen gelaufen. Unser Werk fusionierte, die Instandhaltungsarbeiten wurden von einer anderen Leitstelle aus koordiniert. Ich wurde nicht mehr gebraucht. Aber davon will ich nun, zwei Jahre später, gar nicht mehr sprechen!

Gut, daß es mir so schlecht ging, um so schneller habe ich für Abhilfe gesorgt. Ich kaufte mir einen großen Wohnwagen und fuhr los. Wenigstens mal weg, wenn ich schon keine Arbeit mehr hatte«, so beginnt Herr S. seinen Bericht, und man spürt, wie gern er erzählt.

Seine erste Reise führte ihn nach Polen, welches das Land seiner Vorväter gewesen ist. Er wollte sich einmal umsehen. Für eventuelle Pannen hatte er reichlich Werkzeug mitgenommen und noch dies und das. Aber anstatt sein eigenes Auto reparieren zu müssen, kam er bei seinen Aufenthalten schnell in Kontakt mit Menschen, auf dem Parkplatz, bei der Suche nach Ort und Straße, und bei einer Panne, bei der er helfen konnte.

Aus diesen mehr zufälligen Hilfeleistungen entwickelte sich schnell, was er heute, noch nicht ganz zwei Jahre später, als seinen neuen Beruf bezeichnet:»Ich bin eine kleine Firma auf Rädern, die Reparaturen durchführt, die kompliziert und schwierig sind, für die man normale Handwerker gar nicht findet.« Er verdient nicht viel dabei, aber seine Reisen, an denen ihm so viel liegt, kann er sich davon leisten, und für ein neues Auto wird es in absehbarer Zeit auch reichen. Was ihn aber ganz

144

besonders freut: Er konnte an die alten Geschichten anknüpfen und hat hier und da Spuren seiner Familie gefunden. »Die Entlassung war ein Riesengeschenk«, sagt er heute.

6. Besuch: Gudrun, zum Zeitpunkt des Ausscheidens aus ihrer Firma 56, Dolmetscherin

Als Selbständige stellt uns Gudrun ihr neugestaltetes Leben vor. Lange Jahre war sie in einer Agentur tätig. Sie ist Dolmetscherin und Mutter von fünf Kindern. An der Schwelle zum vorgezogenen Ruhestand mußte sie, wie schon mehrmals zuvor, ihr Leben wieder neu ordnen. Der frühe Tod ihres Mannes hatte sie erstmals dazu gezwungen. Als die Kinder das Haus verlassen hatten und sie ihnen zu einer Ausbildung verholfen hatte, war jedesmal ein Umsortieren ihrer eigenen Lebensschwerpunkte notwendig. Jedesmal stellte sie sich neu die Frage: Was muß ich jetzt tun, und wie muß ich es gestalten? Was sollte ich jetzt nicht mehr tun?

Meine Fragen beantwortete sie so:
Zeitstruktur
Ich stehe morgens kurz vor oder nach sieben auf. Bei Verpflichtungen auch um sechs oder noch früher.

Ich habe gerne zeitliche Fixpunkte, und zwar täglich: Unterricht an der Volkshochschule, Übersetzungen und deren Ablieferung, Teilnahme an Sprachunterricht, Treffen zum Musizieren.

Bevor ich den Tag antrete, frühstücke ich, bete, denke an meine Kinder und an Freunde; oft mache ich etwas Gymnastik.

Ich möchte den Tag gerne ausschöpfen, möglichst viele Eindrücke aufnehmen und den Interessen nachgehen. Wenn man von einer Sache wirklich etwas verstehen will, muß man sich systematisch damit befassen. Als Übersetzerin und Dolmetscherin benötige ich ein gewisses Maß an Training, um auch jetzt konkurrenzfähig zu bleiben.

Manchmal sind Termine auch jetzt noch zu dicht. Da komme ich in Druck. Arbeite ich als Dolmetscherin, kommt es vor, daß ich mich noch tagelang mit einem Vorgang auseinandersetze (Einsätze bei der Polizei). Vieles ist für so ein redlich-biederes Gemüt wie das meine unvorstellbar.

Problematisch können die Stunden nach meinem Tagewerk sein, da würde ich mich gerne mit einem Menschen über den Tag unterhalten. Das fehlt mir dann sehr.

Kooperation

Ich bin heute nur selten auf die Mitarbeit anderer Personen angewiesen, weil ich meistens allein auf eigene Rechnung arbeite. Meist habe ich bei einer Zusammenarbeit früher mehr machen müssen und nicht immer ein entsprechendes Entgelt bekommen. Über das Alleinarbeiten bin ich nicht traurig.

Daß ich gegen Konkurrenz arbeiten muß, kannte ich immer. Bei der großen Anzahl gut ausgebildeter Dolmetscher ist das auch jetzt so, wo ich nicht mehr jung bin. Grobe Fehler könnten sehr peinlich sein. Ich habe einen ordentlichen Ruf; beim Hereinholen von Aufträgen habe ich es leichter als jüngere. Nun kommt noch etwas Wichtiges:

Ich bin nicht sehr konfliktfreudig, das hängt mit meinem Alter zusammen. Konflikte nicht unter den Teppich kehren, das wird wohl mein Übungsfeld bleiben.

Von meinen Interessen brauchte ich jetzt nicht zu lassen, ganz im Gegenteil, ich konnte sie jetzt endlich vertiefen: Sprachen, privat und beruflich, Musik. Lesen über Stilepochen und das Wissen an andere weitergeben. Führungen veranstalten.

Ich mache eine Arbeit, weil sie mich interessiert und Sinn macht. Wenn ich nichts ausrichten könnte – weder für mich, noch für andere –, würde ich gewiß damit aufhören. Aber das kann ich mir nicht vorstellen.«

7. Besuch: Herr D., 62 – Distanz und Nähe

»Vorweg muß erst einmal gesagt werden, daß manche Ihrer Fragen mich erstmals in der neuen Situation zu einer klaren Stellungnahme gezwungen haben«, beginnt Herr D. unser Gespräch. »Es kamen Gefühle hoch, die auch nach sieben Jahren Ruhestand noch geschmerzt haben. Aber gerade diese haben endlich zu neuen Einsichten geführt. Eine Art Grundlinie zeichnet sich ab, an der ich weitermachen muß.

Nach der anfangs ungewohnten ständigen räumlichen Nähe zu meiner Frau (sie ist in einer Kirchengemeinde tätig) und auch zu meinen Töchtern, die noch nicht alle aus dem Haus waren (*ich* war derjenige, der nicht mehr wegging), sind meine Frau und ich nach ein paar Wochen erst einmal auf Distanz gegangen, äußerlich, aber innerlich eben auch. Da kam so einiges hoch, womit wir gar nicht gerechnet hatten. Ein schmerzhafter Prozeß, aber nun ist es gut: Lebensfreude statt Streß, Gesundheit statt Zipperlein.

Zweimal in der Woche fahre ich zum Einkaufen. Ich nenne es allerdings Logistik. Der vertraute Firmenjargon gefällt mir besser, und an eine Einkaufstasche habe ich mich noch immer nicht gewöhnt.

Am Anfang konnten meine Frau und ich keinen gemeinsamen Tagesrhythmus finden. Wir störten uns gegenseitig. Mühsam und unter Spannung haben wir erst in die neuen Rollen gefunden. Ja, neue Rollen, denn sie konnte die ihre ja auch nicht einfach weiterspielen. Fast ständig traten wir uns auf die Füße. Nun ist um 17.00 Uhr Tea-Time, wie wir es nennen, und weil wir uns bis dahin möglichst nicht stören und ständig unterbrechen, haben wir uns dann auch was zu erzählen und freuen uns auf diese Zeit.

Aber manchmal klappt gar nichts von diesem Plan, dann prallen wir regelrecht aufeinander. Dann schmerzt es immer noch, daß ich keine Kollegen mehr habe, zu denen ich jetzt ausweichen könnte. Ich habe in den sieben Ruhestandsjahren genossen, kein Konkurrent mehr sein zu müssen, aber das scheint mir irgendwie auch zu fehlen. Doch vielleicht ist der Preis der Kollegenlosigkeit zu hoch für den Gewinn der Konkurrenzfreiheit. Und dann fehlen mir noch und immer wieder meine geliebten Dienstreisen und alles, was damit so zusammenhing, eben der Service des Amtes, kein Flug nach München mehr und keine Gespräche mit Firmenvertretern, wobei man eben einfach »jemand war«.

Ihre Fragen haben mir ein ganz unverhofftes Aha-Erlebnis verschafft: Wir hatten schon lange ein Häuschen auf dem Lande, klein und unscheinbar. Das habe ich in den sieben Jahren zu einem ansehnlichen Haus ausgebaut, vorzeigbar, fast schon repräsentativ. Meine Berufserfahrungen als Bauherr konnten da so richtig einfließen. Nun wird mir plötzlich klar: Durch dieses eigene Haus habe ich mir einen sozialen Status ermöglicht, den ich von meiner Mietwohnung aus nicht hatte. Das hört sich merkwürdig an, aber das tut gut, hier kann ich es ja sagen.

Inzwischen bin ich auch ein guter Berater in Erbangelegenheiten geworden und durchaus gefragt. Es ist eine Art Berufstätigkeit nach dem Beruf daraus geworden, mit allem, was dazu gehört. Nur ob ich Geld nehme, das ist noch unklar. In dem Zusammenhang muß ich noch über Verbindlichkeit nachdenken.

Ich muß zum Schluß noch etwas sagen: Es tut mir gut, mehr Zeit für Gott zu haben. Kann man das so sagen? Als ob ich jetzt noch einmal so richtig für das Religiöse offen bin. Es bringt meine Seele zum Schwingen. Ich hätte nie gedacht, daß das nochmal zu erreichen ist.

Und daß Abschied so lange dauert und ich das Defizit, das ich da spüre, mehr ahne, immer noch nicht zu fassen bekomme, damit habe ich vorher wirklich nicht gerechnet.«

8. Besuch: Herr X. – Ein Stück Land fängt fast alles auf

Das wußte schon Daniel Schreber und initiierte in der Mitte des vorigen Jahrhunderts eine Bewegung, die auch heute nichts von ihrer Attraktivität eingebüßt hat. Es begann mit öffentlichen Spielplätzen – bis dahin als solche unbekannt –, später wurden sie Schreberplätze genannt, und schließlich wurden Kleingärten mit Lauben daraus gemacht, an denen nicht nur die Kinder Freude hatten. Sie sind heute noch ungemein beliebt, wenn auch leider oft zu Unrecht belächelt, erfüllen sie doch in umfassender Weise, was dem Leben aktive Impulse gibt. Es ist mir kaum gelungen, Herrn X. zu interviewen. Beim ersten Versuch mußte er sich um die Rosen kümmern, die vor dem Frost noch eine sichere Verpackung brauchten. Beim zweiten Versuch drohten die Fische zu ersticken, wenn er nicht rechtzeitig ein Loch ins Eis auf dem Gartenteich sägen würde. Beim dritten Versuch war – ganz wichtig – Versammlung.

Nicht nur das Zeitbudget bekommt durch die Anforderungen des Gartens sein Gerüst, auch der Haushaltsplan richtet sich nach dem, was zu ernten ist. Die Freunde mit gleichen Interessen findet man im Vereinshaus, und die Nachbarn schauen mit einschätzendem Blick über den Zaun. Mit guten Ratschlägen wird nicht gespart. Hier kann man mitreden oder sich hinter den Hecken zurückziehen. Vorsitzende und Kassenwarte werden gebraucht, selbst von Behördenärger bleibt man nicht verschont.

Aber das Wichtigste ist der Feierabend mit Duschen, Ausatmen, Essen und Fernsehen. Alles wohlverdient. Was gibt es da zu lächeln?

Herr Schreber war klug und weitsichtig. »Wissen Sie«, erklärte mir Herr X. dann endlich doch, »mit so einem Stückchen Land ist man ja das ganze Jahr beschäftigt. Nur im Winter gibt einer der Garten frei. Dann reisen wir. Da nehme ich auch gern eine Tätigkeit an. Durch die neuen Kontakte im Garten ist das nicht schwer, und es ist auch ganz gut dabei zu verdienen. Mein Leben ist jetzt vielseitiger als vorher, auch spüre ich meine Knochen mehr als auf dem Platz in der Verwaltung. So wütend wie ich bei der Entlassung auch war, zurück möchte ich nicht mehr. Aber vielleicht habe ich mich doch zu früh hierher zurückgezogen...«

9. Besuch: Helmut – Fürs ganze Haus Kompost

»Ihr könnt erst bei Dunkelwerden kommen, vorher bin ich im Garten«, hatte Helmut auf die Ankündigung unseres Besuches reagiert. Wir waren erstaunt, denn einen Garten gab es bei ihm doch gar nicht. Er wohnte im fünften Stock eines großen Wohnblocks in Basel und war als Techniker kürzlich aus einem Chemiewerk entlassen worden. Neugierig geworden, gingen wir etwas früher zu ihm. Er war tatsächlich im »Garten« und erzählte uns gern, was es damit auf sich hatte:

»Nun hatte ich ja so viel Zeit. Als ich so etwas lustlos an meinen Blumenkästen hantierte, kam ich auf eine Idee. Die Sache läuft inzwischen prima. Ich bin nämlich hier der Kompost-Meister, und alle kennen mich. Um es kurz zu machen: Wir haben ja die Rasenflächen ums Haus, die werden vom Hausmeister gemäht, aber für den Kompost bin ich inzwischen zuständig. Den Rasenabfall, die Blätter, die alten Pflanzen und was die Leute von ihren Balkons so loswerden wollen, 35 Mietparteien, das sammle ich alles ein. Beim Kompostieren, Sieben, Umstechen und so weiter, da helfen die anderen Mieter mit. Dazu treffen wir uns freitags und samstags unten. Ich passe schon auf, daß jeder, der kann, auch mitmacht. Kaffee oder etwas anderes haben wir neuerdings auch. Und obwohl die ganze Sache noch keine zwei Jahre läuft, reicht die neue Erde, die wir da produzieren, schon für alle Balkons. Die Mieter brauchen sie sich im Frühjahr nur noch zu holen. Ist das nichts?

Nun ja, ich mache mich nicht kaputt dabei, doch eigentlich habe ich nur bei Frost nichts zu tun. Aber ehe ich alle einschlägigen Fachgeschäfte durchforstet habe, fällt mir schon etwas Neues ein.«

10. Besuch: Herr D. – Die Uhr schlägt wieder

Herrn D. lebt in einer Kleinstadt in Niedersachsen und wurde aus einer Reifenfirma, wo er im technischen Bereich tätig war, vor fünf Jahren entlassen. Seitdem hat er seine eigene kleine Firma, die so ganz zufällig entstand. In seinem ersten Unbeschäftigtsein nach dem Rausschmiß, wie er es nennt, fand er eine stehengebliebene Uhr und entdeckte sein altes Hobby neu: Schon als Junge hatte er gern alles mögliche Feinmechanische auseinandergenommen. Nun hat es sich schon im Landkreis herumgesprochen, daß er der Fachmann für Omas alte Standuhr und Opas Taschenuhr ist. Am liebsten nimmt er Exemplare, auf die der Uhrmacher sich aus den unterschiedlichsten Gründen nicht mehr einlassen kann. Herr D. will in erster Linie tüfteln, und das nicht ganz umsonst. Konkurrent will er von niemandem sein, das ist ihm ganz wichtig. Seine Frau hat eine gute Stelle, und seine Frührente ist ausreichend hoch. Einzig das Alleinsein den ganzen Tag in dieser Miniwerkstatt, das ist das ungelöste Problem.

11. Besuch: Ein Deutscher in der Algarve?

»Ich habe es nie bereut, mein kleines Rentnerglück in der Ferne«, so beschreibt Armin F. sein neues Leben, das er nun schon viele Jahre in Portugal führt. Er gehört eindeutig zu den Befreiten, die wir vorgestellt hatten. »Schon vor zehn Jahren haben die mich aus dem Polizeidienst freigestellt. Ich war gerne Polizist, aber die Gleichförmigkeit des Dienstes habe ich gehaßt. Versetzenlassen war nicht möglich. Und in meinem Befreitsein habe ich noch viel Neues gelernt. Ich fische, ich räuchere, ich verkaufe. Ich habe ein kleines Boot, das ich auch warte. Ich lernte Portugiesisch, das war gar nicht so schwer, wie ich dachte. Na ja, nur so, um mit den Nachbarn und Geschäftsleuten zu sprechen. Ich bin zwar immer noch der Deutsche, aber mein Urteil ist gefragt. Gerade fange ich an, für deutsche Urlauber Fahrten ins Land zu organisieren. Sie sehen, noch habe ich alles, was ich brauche. Es ist mein schönes ›nachpolizeiliches‹ Leben – aber mein Altersexil, das ist es nicht!«

12. Projekte und Initiativen

Eine Nachricht aus Kiel:
In Kiel gehören sechzig ältere Menschen einem ungewöhnlichen Verein an. Wer ein anderes Mitglied unterstützt, erwirbt Bonuspunkte. Diese können später beim Verein für Hilfsangebote eingelöst werden. »Gibst du mir, so geb ich dir«, erläutert die erste Vorsitzende das Motto. Die Vereinigung ist ein eingetragener Verein und ökonomisch selbständig.

Die Liste der Hilfsangebote ist in der Zwischenzeit immer länger geworden: Übernahme von Schreibarbeiten (Anträge, Briefe), kleine handwerkliche Dienste, Haustierbetreuung, Gartenarbeit, Einkaufen, Schneidern, Begleitung bei Arztbesuchen, Behördengänge oder Reparaturarbeiten. Eines der Mitglieder ist Anne. Sie kümmert sich zum Beispiel um die 73jährige Käthe, die auf einen Rollstuhl angewiesen ist. Für die Einsätze werden Anne auf ihrem persönlichen Konto Bonus-Punkte gutgeschrieben. Wenn später in ihrer Wohnung zum Beispiel kleine Ausbesserungsarbeiten nötig sind, kann sie sich von einem handwerklich geschickten Vereinsmitglied helfen lassen – und muß dafür nicht bezahlen: Vom «Zeit-Konto» werden einfach die entsprechenden Punkte wieder abgezogen.

Pro Stunde geleistete Hilfe erhält der Betreffende einen Bonus-Punkt. Die Person, die die Hilfe beansprucht hat, wird mit einem Punkt belastet und muß für jeden Punkt eine Verwaltungsgebühr von 2,50 DM an den Verein zahlen.

Auch Senioren, die dem Verein nicht angehören, können einmalig Hilfe anfordern. Sie müssen pro Stunde zwölf Mark plus 2,50 DM Verwaltungsgebühren zahlen. Das Geld fließt auf ein Konto und ist vorgesehen für Mitglieder, die den Verein zum Beispiel aufgrund eines Wohnungswechsels verlassen, aber noch Bonuspunkte angespart haben. Ihnen werden die Bonuspunkte in Geld ausgezahlt.

Das Punktekonto führt Edith Rosner. Sie hat viele Jahre lang als Buchhalterin gearbeitet. Jeder Einsatz wird genau vermerkt, die Arbeitszeit und die Bonus-Punkte in den einzelnen Heften müssen von zwei Personen durch Unterschriften bestätigt werden.

Stolz zeigt Gerhard seine lange Liste an Zeit-Gutschriften. Der 56jährige Frührentner macht sich besonders mit Maler- und Handwerksarbeiten im Verein verdient.»Da es mir gesundheitlich nicht so gut geht, habe ich jetzt schon die Gewißheit, daß ich mir in einigen Jahren helfen lassen kann«, erläutert Gerhard.

Ähnliche Motive haben Gertraude zur Initiative gebracht.»Mit fünfzig gehöre ich zwar zu den jüngsten Mitgliedern, aber man macht sich schon seine Gedanken übers Älterwerden. Wenn ich jetzt sinnvoll helfen kann, habe ich für später eine kleine Garantie, daß mir geholfen wird.« Die Arbeit heute ist eine Investition in die Zukunft: Die Mitglieder tauschen Zeit gegen Zeit.

Diese Initiative gilt allerdings nicht als unumstritten auf dem Arbeitsmarkt.

Eine Idee aus Holland

Dort sind mehr ehrenamtliche Helfer aktiv als irgendwo sonst in Europa. Viele Holländer, die ohne Lohn für Kirchen, Krankenhäuser, Umweltschutz oder Kultur arbeiten, lassen sich bei einer der landesweit über 120

»Freiwilligen-Zentralen« professionell beraten und vermitteln. Das Altenheim sucht jemanden, der Gehbehinderte beim Spaziergang begleitet. Das Bürgerhaus braucht Leute, die Ausländerkindern bei den Hausaufgaben helfen. Die Umweltgruppe hätte gern jemanden für den Telefondienst. Kein Problem – das nächstliegende Freiwilligenbüro hat mehrere tausend Interessierte im Computer gespeichert.

In Berlin, München und demnächst auch in Bremen wird das niederländische Modell nachgeahmt. Der von der Stadt Berlin finanzierte »Treffpunkt Hilfsbereitschaft« vermittelt jährlich rund dreihundert Interessierte. »Zu uns kommen Individualisten, die sich von den traditionellen Wohlfahrtsverbänden nicht angesprochen fühlen, eher Alleinstehende, Jüngere, die ganz bewußt auch Kontakte und Gemeinschaft suchen, die aber weitgehend selbstbestimmt bleiben wollen in ihrem Engagement.«

Auch Personen, denen im Beruf der »menschliche Faktor« fehlt, wie beispielsweise Computerfachleute, bieten ihre Dienste an. »Die meisten wollen klar festlegen, wieviel Zeit sie für die freiwillige Arbeit investieren, und sie möchten selbst einen Nutzen davon haben.«

Freude an einer ganz anderen Aufgabe, sich selbst ganz neu erfahren, Solidarität erleben, das ist für Menschen, die sich hier ehrenamtlich engagieren, vor allem Sinn und Ziel.

Zu lesen in einer Hamburger Zeitung...

Die Behörde für Arbeit, Gesundheit und Soziales (BAGS) sucht mit einer Anzeige im Herbst 96 für verschiedene Altenkreise neue Leiterinnen und Leiter.

»Eine gute Portion Idealismus gehört schon dazu, sich ehrenamtlich mit Menschen zu beschäftigen. Aber der Umgang gerade auch mit Älteren muß nicht nur Arbeit und Einsatz bedeuten, denn man bekommt eine ganze Menge zurück: Erfüllung, Anerkennung, Freundschaft. Voraussetzungen sind ein gutes Einfühlungsvermögen, Organisationstalent, Flexibilität, ein gesunder Menschenverstand und vor allen Dingen Freude an der Arbeit mit älteren Menschen. Die Aufgabe, einmal wöchentlich für zwei Stunden einen Altenkreis zu leiten, ist sehr vielseitig, denn erfahrungsgemäß sind die Besucherinnen sehr offen für jede Anregung und freuen sich über Angebote, die ihnen gemacht werden.

Die Mitarbeiterinnen der BAGS helfen allen Leiterinnen und Leitern, die Aufgabe kennenzulernen, und unterstützen und schulen sie in regelmäßigen Abständen. Für diese Tätigkeit ist eine Aufwandsentschädigung zur Deckung der entstehenden Kosten vorgesehen.«

Dies ist eine der vielen Möglichkeiten der Bestätigung, in der besonders deutlich sichtbar wird, wie Geben und Zurückbekommen von – immateriellem – Honorar auch auf diese Weise möglich ist.

13. Am Ende der Fallschilderungen

Alle Männer und Frauen, die hier zu Wort gekommen sind und ihre Geschichte erzählt haben, haben jahre- und jahrzehntelang mit einem Berufsbild von sich selbst gelebt, welches nun in der neuen Situation – auch in den privaten Facetten – nicht mehr stimmte. Sie mußten sich von ihrer Identität lösen, sie haben die Mühsal der Wandlung auf sich genommen. Für manche wäre selbst Resignation bequemer und einfacher gewesen. Und noch etwas: Auch die Menschen im Umkreis eines frühzeitig Entlassenen mußten dessen neue Identität akzeptieren. Auch wenn die neu eroberte Lebensform und Rolle für einen selbst scheinbar schon normal geworden ist, ist es doch keineswegs selbstverständlich, daß man anderen in diesem neuen Bild schon gefällt. Oft arrangieren sich die Mitbetroffenen nur ungern mit der neuen Realität. Auch sie benötigen eine Zeit des Umlernens.

So verbirgt sich hinter jedem der Berichte ein langes Arbeits- und Trauerprogramm, bei dem mehr noch im Entstehen ist als schon neue Form gefunden hat.

Den nachberuflichen Zukunftsgestaltungen soll ein Märchen nachgestellt sein, stehen doch in den Märchen die wirklich wahren Begebenheiten. Wie viele Märchen ist auch dieses eine Art Suchgeschichte. Die Hörer werden auf den Weg gelockt, und die Suche endet meist mit einem Finderglück. So auch dieses. Darum hat das folgende Märchen seinen Platz hier bei den modernen nachberuflichen Lebensgestaltungen. Sie sollen auch nichts anderes sein als Anregung zum Suchen, und sie sollen zu Finderglück verlocken. Das Märchen heißt:

Der Glückliche und der Unglückliche

Es waren einmal zwei Bauern, die lebten nicht weit voneinander. Der eine war reich, der andere war arm. Der Arme war freilich auch ein fleißiger Arbeiter, aber dennoch wurde er nicht reicher als er war.

Einmal ging er nachts aufs Feld, um dort nachzuschauen, aber – oh Wunder – was sah er da? Er sah, wie ein Mann auf dem Feld des Reichen Roggen säte.

»Was tust du hier?« fragte der Arme. »Ich säe Roggen!« war die Antwort.

»Nun, wann kommst du denn auf mein Feld Roggen säen?«, fragte der arme Mann. »Niemals.«

»Weshalb säst du denn auf dem Felde des anderen?«

»Ja, ich bin eben sein Glück!«

»Nun, wo ist denn mein Glück?«, fragte der Arme.

»Dein Glück schläft dort neben jenem großen Stein«, sprach der Sämann. Der Arme eilte zum Stein, um den Mann, der da schlief und sein Glück war, zu wecken.

»Höre, Mann, steh auf und geh Roggen säen!«

»Ich gehe nicht«, antwortete der Schläfer.

»Ja, warum gehst du denn nicht?« fragte der Arme.

»Nun, ich bin doch kein Landwirtsglück.«

»Aber du bist doch mein Glück!«

»Ja freilich«, sagte der Schläfer, »wähl dir nur ein anderes Handwerk, dann werde ich schon dein Glück sein.«

»Was soll ich denn werden?«, fragte der Arme.

»Versuche es als Kaufmann, denn ich bin das Kaufmannsglück, vielleicht dann auch dein Glück.«

Sogleich ging der Mann nach Hause, verkaufte sein Haus, eröffnete in der Stadt einen Laden und ging mit der Zuversicht auf seinen Erfolg ans Werk. Nun bekam er sein Glück – und er lebt noch heute glücklich.

Exkurs:
Besuch bei einem Outplacement-Berater

Bei meiner Suche nach möglichen Hilfestellungen für die Zeit nach dem Beruf lernte ich auch ein Büro kennen, das sich gezielt an frühentlassene Fachspezialisten und Führungskräfte wendet und dieser Zielgruppe eine auf sie zugeschnittene Beratung für die Zeit danach anbietet. In einem ersten Begleitschritt wird versucht, die Kränkung der unerwarteten Entlassung zu begreifen und zu verarbeiten. In einem zweiten Schritt wird eine Bilanz der bisherigen Tätigkeiten aufgestellt. In einem dritten Schritt geht es schließlich darum, Konzepte für neue Tätigkeiten zu entwickeln, eine Hilfe bei den Umsetzungsschritten rundet den gemeinsamen Prozeß ab. Outplacement-Beratung heißt dieses noch nicht so alltägliche Begleitangebot. Ich witterte eine Chance, diese dort angebotene Unterstützung auch für nicht so Privilegierte nutzbar zu machen.

Ein Interview mit Herrn L., einem der Firmeninhaber, der die fachliche und persönliche Beratung selbst und mit einem Partner durchführt, hat mich überzeugt und angeregt, die wichtigsten Gedanken und Prozeßschritte an diejenigen weiterzugeben, die ihre eigenen Outplacement-Berater sein müssen oder wollen.

Folgendes Gespräch habe ich mit Herrn L. geführt:

Barbara Langmaack (BL): *Vielleicht könnten Sie zu Beginn unseres Gesprächs den Begriff Outplacement-Beratung erklären. Er wird wahrscheinlich den meisten meiner Leser auch nicht geläufig sein.*

Peter Lind (PL): Ja, er kommt – wie vieles im und um das Management herum – aus Amerika, und da ist man im allgemeinen ein wenig brutaler im Äußern der Wahrheit. Ich weiß auch noch kein besseres deutsches Wort, und unsere Berufsbezeichnung beinhaltet den Sinn unseres Arbeitsauftrags: die Situation nach dem stillen Rausschmiß meistern helfen.

BL: *Sie treffen Ihre zukünftigen Klienten häufig schon in der Firma?*

PL: Ja, die Firma hat mich gerufen. Ich versuche ein Gespräch direkt nach der Entlassung zu bekommen. Während das Trennungsgespräch läuft, sitze ich im Zimmer nebenan, um die eben Entlassenen sofort aufzufangen. Es scheint mir ganz wichtig, daß man die Menschen sofort unterstützt, ihnen Perspektiven gibt, Strukturen zeigt, wie es weitergehen kann. Das ist mir der liebste Fall. Da entsteht gleich am Anfang schon die Beziehung.

BL: *Sie sprachen vorhin ganz ohne Beschönigung von Rausschmiß – vom sogenannten »stillen« Rausschmiß. Damit nehmen Sie den Ausdruck der Betroffenen auf. Wie wird dieser »Rausschmiß«, wie Sie es nennen, denn verarbeitet? Passiert das noch in der Firma oder in Ihrem Büro, oder findet das an ganz anderer Stelle statt, beziehungsweise gar nicht? Es kann ja nicht sein, daß man gleich Perspektiven sieht. Wahrscheinlich, und das halte ich für's erste auch für in Ordnung, heißt es: »Warum gerade ich, das war ungerecht...«*

PL: Im ersten Moment wird das Ausscheiden überwiegend als Rausschmiß erlebt, und es tut gut, wenn es auch erlaubt ist, es so zu nennen. Die allerersten Reaktionen sind sehr unterschiedlich. Die gehen von Wut, Auf-den-Tisch-Schlagen, Drohungen, bis zu fast bedrohlich ruhigem Verhalten. Die Verarbeitung passiert erst später hier in der Beratung und natürlich auch zu Hause. Viel passiert zwischendurch, auf dem Weg, auf der Fahrrad-Tour am Wochenende. Es wird ständig daran gearbeitet, aber wir geben einen Input, eine Unterstützung, damit dieser Verarbeitungsprozeß passiert. Er darf nicht ausfallen.

BL: *Wenn Sie von zu Hause sprechen, denke ich an den Partner.*

PL: Ja, eine Menge Veränderungen geschehen in sehr kurzer Zeit. Die Frau ist nicht mehr die Beraterin für alles Berufliche, die sie ja früher oft war. Diese Rolle muß sie abgeben.

BL: *Sie ist auch nicht mehr der Blitzableiter. Aber sie kann auch nicht mehr vom Status des Mannes profitieren.*

PL: Die Partner sind Mitbetroffene, deswegen bieten wir den Klienten an, daß sie mit in die Beratung kommen. Entweder zum Zuhören oder mit konkreten Fragen, wie sie mögen. Auch darum, daß sie sehen, wo geht mein Mann oder meine Partnerin eigentlich hin? Wer berät sie da?

BL: *Die Partnerinnen haben sicherlich ihrerseits eine Reihe von Fragen an die Situation: Wo sagt der was, was mir nicht recht ist? Wo bringt der meinen Mann in eine Schiene, wo ich ihn aber gar nicht haben will, weil ich mit dieser Konsequenz selbst nicht leben will?*

PL: Es ist ganz wichtig, in allererster Linie zu wissen: Wie gehe ich eigentlich mit diesem Phänomen um: mein Mann hat keine Arbeit. Wie sieht das in unserem Alltag und für unsere Kinder aus? Schaffen wir's eigentlich, unsere Wohnung, unseren Lebensstandard zu halten, oder müssen wir verkaufen? Oder umziehen? All diese Fragen und Existenzängste sind auch bei den Partnern.

BL: *Ja, und er geht ja nicht mehr aus dem Haus. An »Kleinigkeiten« zeigen sich Veränderung und Frustration.*

PL: Richtig, die Kleinigkeiten sind gar nicht so ohne! In der Stadt weniger, aber in den kleineren Gemeinden, wo jeder jeden kennt oder wo man den Nachbarn beobachtet, spielt das eine große Rolle. Daß Menschen, die von Unternehmen entlassen wurden, weiterhin einen Arbeitsplatz haben, ist ungeheuer wichtig, und den geben wir ihnen hier. Sie gehen also jeden Morgen von zu Hause weg, und das unmittelbar nach der Entlassung. Das ist ein Full-time-Job für die Betroffenen, das kann man nicht mit links machen, und deswegen wird auch das Büro, das wir hier zur Verfügung stellen, gern angenommen.

BL: *Ja, das kann ich mir sehr hilfreich vorstellen. Ich möchte hier eine weitere Frage anknüpfen: »Was sind eigentlich die größten Kränkungen im Zusammenhang mit dem Rausschmiß?«*

PL: Ja, es ist vielleicht nicht die größte Kränkung, aber es drückt viel aus und es hängt viel dran: Ich kann morgens nicht mehr weggehen. Oder wenn die Frau sagt: »Du hast doch gerade nichts zu tun, kannst du mal Marmelade einkaufen, nimm den Hund mit!« oder ähnliches. »Tu doch was! Tu endlich was!«, das hören wir von frühester Kindheit an. Was schließlich die größte Kränkung ist, das hat viel mit Lebensumfeld und der Einstellung des einzelnen zu tun. Für den einen ist es im wörtlichen Sinne, nichts zu tun zu haben, für die anderen heißt es, nichts zu fertigen, zu verkaufen. Die eigenen Ideen, das Wissen nicht weitergeben zu können, heißt es für vielleicht den nächsten, zum Beispiel für Lehrer. Wieder andere leiden am meisten an dem dummen Gefühl, nicht gefragt zu sein, ihren Einfluß nicht mehr einbringen zu können.

BL: *Kann man das erste Gespräch zunächst als ein Pflichtgespräch bezeichnen?*

PL: Nein, niemand muß kommen. Aber das Gespräch hat bisher noch nie jemand ausgeschlagen. Die erste Reaktion ist oft: »Moment mal, jetzt bin ich grade rausgeflogen, jetzt kommt da so ein Berater, jetzt geht die nächste Schweinerei los.«

BL: *Ja, das kann ich aus der Sicht der Entlassenen verstehen. Ich würde denken: »Ist das wirklich seriös, wer ist das denn?« Ich glaube, deshalb hätte ich lieber erst einmal eine Adresse in der Hand.*

PL: Die Menschen reagieren unterschiedlich, Sie sagen das jetzt aus einer Distanz zu dem Ereignis »Trennung«. Wenn jemandem aber gerade gesagt worden ist, daß er in vier Wochen beziehungsweise ab dem nächsten Tag nicht mehr kommen soll, dann reagiert er anders als wenn es heißt: »Sie stehen noch drei, vier, fünf Monate bei uns auf der Gehaltsliste. In der Zeit werden Sie bestimmt etwas finden. Wir bemühen uns natürlich auch.« Dann ist den Menschen ganz anders zumute. Dann brauchen sie jeden Strohhalm. Natürlich haben Firmen mehrere Outplacement-Berater, die sie empfehlen.

BL: *So ist im ersten Gespräch eigentlich das Wichtigste, daß sie Kontakt bekommen und die Betroffenen merken, da bietet mir jemand etwas, das ich jetzt brauche.*

PL: Das Spannende ist wirklich, das Vertrauen zu erreichen, und das ist mir eigentlich in den fünf Jahren nur ein einziges Mal nicht gelungen. Es war die Frage des gegenseitigen Mögens, mit Nein auf beiden Seiten – so was gibt's.

BL: *Kommen die Leute einzeln zu Ihnen?*

PL: Ich kann 20–22 Leuten zugleich bei mir einen Platz geben, an dem sie ihr neues Profil entwickeln können und von dem aus sie sich bewerben können. Ich stehe zur Beratung zur Verfügung, mit allen zusammen oder wenn es persönlicher wird, in meinem Büro. Ich gehe immer wieder in den Klientenraum, um angesprochen zu werden, um zu zeigen, daß ich da bin, und ich lese dort Zeitung, oder wir unterhalten uns. Da kommt die eine oder andere Frage.

BL: *Manche Fragen sind ja auch für alle interessant.*

PL: Ja, aber am Anfang ist da noch eine Hemmschwelle. »Wie frei darf ich hier reden?«, denken sie. Aber das geht ganz schnell, und nachher kommt man rein, und die Klienten haben gleich ihre Frage.

BL: *Diese Umorientierungsphase bezahlen die Firmen?*

PL: Im Augenblick kommen alle durch die Firmen. Die Firma bezahlt das Honorar, bis die Leute einen neuen Job haben. Wir nennen das *open-end*. Also für ein bestimmtes Honorar beraten wir Klienten so lange, bis Sie eine neue Aufgabe haben. Wenn ein Unternehmen mal nicht so viel ausgeben möchte, dann setzen wir eine zeitliche Befristung, auf etwa vier Monate, und in dieser Zeit kann der Klient dann auch bereits voll mit einer Kampagne auf dem Markt sein. Meistens ist er jedoch noch nicht in einem neuen Job. Es dauert eben seine Zeit, es ist ja auch viel zu bearbeiten, ehe ein Trennungsprozeß emotional und faktisch bewältigt ist.

BL: *Wie ist es mit dem Selbständigmachen? Kommt das häufig vor, oder ist das eher die Ausnahme?*

PL: Viele versuchen auszuweichen auf eine Selbständigkeit. Auch wenn sie nach einiger Zeit Suche nichts finden. Wir gehen da andersrum ran. Wir klären ziemlich am Anfang schon ab, ob eine Selbständigkeit in Frage kommt, und wenn ja, dann beraten wir eigentlich sehr schnell in diese Richtung.

BL: *Manchmal sind Angestellte ja die besseren Selbständigen. Da sehe ich vor allem einen Trend bei Frauen. Ich weiß nicht, ob sie es tatsächlich schaffen, aber die Energie ist da.*

PL: Man muß rauskriegen, ob es eine Zufallslösung oder eine Verlegenheitslösung ist. »Ich habe sowieso Angst, mich zu bewerben und wieder in den Markt zu gehen, und ich will das auch nicht noch einmal erleben. Ich mag diese Bewerberei nicht, und deswegen mache ich mich lieber selbständig« sagen viele. Wenn das Potential und die Power dafür aber nicht da sind, läuft nichts. Das rauszukriegen ist nach etwa sechs bis acht Stunden Beratung unsere Aufgabe. Dann können wir den Klienten schon ein bißchen einordnen. Manchmal ergibt sich, daß zum Beispiel jemand als Geschäftsführer tätig war und nun sagt: »Ja, ich telefoniere jetzt mit USA, mit Hongkong, um einfach im Kunststoffmarkt drinzubleiben.« »Aber drei, vier Wochen lang nur telefonieren, ohne daß ein Geschäft dahintersteht«, sage ich ihm dann, »dabei nutzen Sie sich nur ab. Dann müssen Sie wenigstens probieren, ein kleines überschaubares Geschäft zu machen, was Sie auf eigene Rechnung tun. Dann bleiben Ihre Informationsquellen erhalten. Dann bleiben Sie mit dem Lieferanten, wie mit dem Abnehmer, wie mit dem Verlader und dem Verschiffer im Gespräch, und dann sagt jeder: ›Hoppla, der hat mich angerufen, den gibt's ja noch!‹ und dann ruft man Sie auch wieder an. Es ist ganz wichtig, die Kontakte aufrechtzuerhalten, wenn man in der Branche bleiben will.«

BL: *Aber der nächste Schritt?*

PL: Der war dann etwas schwierig. Er war noch nie selbständig, war immer Leiter, aber eben angestellt.

BL: *Ja, lange warten durfte er nicht mehr.*

PL: Der Mann hat dann so viel Spaß an diesen kleinen Übungen gehabt, nicht furchtbar viel Geld eingesetzt. Vier Wochen später sagte er »Übrigens Herr L., ich wollte nur sagen, ich habe meine ersten 20 000 DM verdient, nicht Umsatz gemacht, sondern verdient. Ich mache mich jetzt selbständig, ich mach's tatsächlich!« Der ist inzwischen zwei Jahre schon in seinem neuen Unternehmen, hat seinen Sohn als Juniorpartner aufgenommen und macht das jetzt nicht mehr von zu Hause aus, sondern hat 500 Meter weiter ein kleines Büro gemietet. Er hat sehr viel Erfolg. Aber die Ausnahme bleibt es trotzdem. Ja, es machen sich nur fünf bis zehn Prozent selbständig, aber die sind auch alle überdurchschnittlich erfolgreich.

BL: *Sie haben sich auf Führungskräfte spezialisiert. Könnte man für andere Leute das gleiche machen?*

PL: Die Outplacement-Beratung ist nicht nur für Führungskräfte. Es gibt eine ganze Menge Unternehmen, wo größere Abbaumaßnahmen vorgesehen sind, die Outplacement für die Mitarbeiter anbieten. Es werden drei Tage Seminare, Gruppenberatungen gemacht. Wir haben eine Spezialität entwickelt, wir führen Nachbetreuungen durch oder schalten auch Spezialisten ein, um Kontakte mit Arbeitsämtern oder mit anderen Unternehmen effizient zu gestalten.

BL: *Ich habe von mehreren Firmen erfahren und selber erlebt, daß die Seminare für den ungeplanten Ruhestand, auch mit den Frauen zusammen, nur zögernd angenommen werden. Ich habe dazu eine Phantasie, die heißt:»Wenn Sie mich schon rausschmeißen, dann will ich nicht auch noch dieses ›Geschenk‹«.*

PL: Ja, das ist auch meine Erfahrung. Ich bin eigentlich noch nicht dahintergekommen, warum es nicht funktioniert. Wir haben selber auch schon solche Seminare angeboten.

BL: *Da ist das Angebot eines Platzes in einem Outplacement-Büro für Frühpensionäre offenbar angemessener. Es wird offenbar Wert auf Individualität gelegt. Wirkliche Rentner, die die Arbeit mit 65 beendet haben, gehen offener in ein Seminar:»Fertig mit der Arbeit. Mal sehen, was jetzt kommt, wie die anderen den wohlverdienten Ruhestand gestalten«, heißt deren Motivation.*

PL: Das klingt einleuchtend! Das erklärt vielleicht auch das Phänomen, daß auffällig viele Menschen, die in den Vorruhestand gehen, acht, neun oder zehn Monate danach entweder schwer krank sind oder nicht mehr leben. Das gibt einem doch zu denken! Das bedeutet für mich, daß Menschen lernen müssen, daß es etwas anderes als »Büro« gibt. Das Büro ist dreißig Jahre der zentrale Ort gewesen. Hier stellt sich eben die alte Frage: Was macht jemand mit seinem Leben? Wie gestaltet er das?

BL: *Aber zurück zu den Anreizen, eine neue Stelle zu finden. Welche Rolle spielt die finanzielle Seite? Ist es wichtiger, eine Stelle zu finden, die im Status hoch angesiedelt ist, oder reizt eine Stelle, die sinnvolle soziale Aktivität verspricht? Wie kommt das zur Sprache?*

PL: Das kommt sehr intensiv zur Sprache. Es gibt ja Menschen, die kleben am Geld. Trotzdem sagen sie »Wenn ich ein kleines Vermögen hätte, dann würde ich nicht mehr arbeiten!« Sie sind 55, 56 Jahre alt, haben auch eine Abfindung bekommen. Die Suche nach der Tätigkeit ist eigentlich kein Geldthema, sondern eine Frage der Einstellung zu Werten. Was wollen sie? Das Entscheidende ist, eine den Wünschen, Neigungen und Fähigkeiten entsprechende neue Beschäftigung zu finden. Und diese zu definieren muß ich ihnen helfen.

BL: *Also eine Balance zwischen Fähigkeit, Wunsch und realen Möglichkeiten muß wahrscheinlich neu gelernt werden.*

PL: Man muß sich zum Beispiel überlegen: »Brauche ich mit meinen 56 eigentlich noch die Höhe eines normalen Gehalts?« Darauf kommt dann irgendwann die Antwort: »Nein, ich komme glatt mit dem aus, was ich jetzt habe. Ich brauche überhaupt kein Geld zusätzlich zu meiner Rente, aber ich will sozial tätig werden. Ich will ein spezielles Angebot im Non-Profit-Bereich auf die Beine stellen.«

BL: *Ja, das ist dann ein anderer Weg. Dann heißt die Frage: »Wie komme ich an Geld, mit welchem ich mein Vorhaben finanziere, und wie kriege ich Leute, die an diesem Engagement auch interessiert sind?« Sie brauchen dann in erster Linie nicht Geld, sondern Geldquellen.*

Ich habe doch noch eine weitere Frage: Wie kommt es, daß die Beratenen hinterher oft mehr als vorher verdienen, wie sie mir anfangs sagten? Man müßte eigentlich meinen, wenn jemand in dieser Situation einen Job will, dann müßte er doch sagen »Ich gebe 20 oder 30 % Rabatt, um den Job zu kriegen.«

PL: Meine Antwort dazu ist, daß sie sich über ihr Profil sehr viel klarer werden, und daß sie eine Aufgabe im Markt suchen und finden, die diesem Profil entspricht. Und dann sind sie fasziniert bei der Sache, dann haben sie eine Berufung, und dann spielt die Preisfrage nicht mehr die Rolle, auch von der Gegenseite her nicht mehr. »Der kann dies Problem lösen«, heißt es dann, und da spielen zehn oder zwanzig oder 50 000 DM rauf oder runter für den neuen Auftraggeber keine Rolle.« Das ist unsere Erklärung dafür: Die Leute kennen ihr Profil klar und können daran arbeiten, es dem Markt auf adäquate Weise anzubieten.

BL: *Wenn ich das so höre, dann würde das ja eigentlich heißen, daß die Leute, bevor sie rausfliegen, sich sagen müßten:* »*So, du bist vierzig, es steht zwar nicht an, daß du rausfliegst, aber überprüfe dein Profil!*«

PL: Sie haben recht! Das passiert ja auch in Unternehmen, in Personalentwicklungsabteilungen, da macht man sich sehr viel Gedanken darüber. Ich glaube aber, daß es leichter ist, sich an einer externen Stelle beraten zu lassen. Es kommt eigentlich drauf an, daß das Bewußtsein bei den Menschen geweckt ist: »Was möchte ich gern? Wer bin ich? Was sind meine Ambitionen?« Und an diesem Kapitel arbeiten wir hier an erster Stelle in der Outplacement-Beratung. Das ist unser »Reparaturteil«. Wir führen die Menschen dann dahin, daß sie sich über ihre Leistungen klar werden. Wir lassen Leistungsbeschreibungen machen in den verschiedenen Stationen des Lebens.

Und auch in Tätigkeitsbeschreibungen erhalten wir Antwort auf die Frage: »Was habe ich ganz konkret gemacht in meinem Job?« Das muß der Schritt nach der Reparatur sein: Tätigkeitsbilanz und eigene Leistungsbilanz.

Denn es kommt drauf an, daß nicht nur jemand anders meine Leistungen gut gefunden hat und sagt, das haben Sie prima gemacht! Es geht darum, die eigenen Leistungen selbst anzuerkennen und sehr genau unter die Lupe zu nehmen, was keiner gesehen hat, außer mir selber. Das sind ganz wichtige Erkenntnisse, Leistungen zu finden, bei denen man selber sich sagt »Hoppla, Peter, da bin ich stolz auf dich!« Dann ist man für seine eigene Bewertung einen wichtigen Schritt vorangekommen und kann auch seine eigenen Ziele finden. Da kommen Fingerzeige, wohin die Reise eigentlich gehen soll. Bin ich denn dafür begabt? Kann man dazu Tätigkeiten, oder Berufe finden?

BL: *Ja, die Frage muß genauer heißen:* »*Kann man Tätigkeiten zu meinen Neigungen finden, die bezahlt werden?*« *Manchmal paßt eine Notwendigkeit, eine Lücke im Angebot hervorragend mit den Neigungen zusammen, aber wird einfach nicht bezahlt.*

PL: Ja, es gibt keinen Geldgeber dafür! Niemand will es bezahlen. Aber ich würde gern einen Punkt nochmal aufnehmen. Ich habe jetzt gerade jemand in der Beratung, der ein toller Fachmann ist, der viele Patente hat auf dem mikroskopischen Sektor. Der Mann ist ein ganz klarer Forscher und Entwickler und möchte das auch sein. Er wurde Leiter eines Labors und hatte Führungsverantwortung für fünf bis

sieben Mitarbeiter, und das lag ihm nicht, weil er zu introvertiert ist.
Wir haben darüber gesprochen, und ich habe ihm auch erklärt, daß
ich der Auffassung bin, daß die Auswahl nicht so günstig war, aber
auch, daß er sich nicht genügend gewehrt hat, um zu sagen:»Nein,
das will ich nicht! Ich habe Spaß an der Entwicklung optischer Ge-
räte, nicht am Führen.« Und für diesen Mann haben wir jetzt sein Ziel,
seine Aufgabe formuliert, daß er eben nicht eine leitende Position
sucht, sondern eine Forschungsaufgabe mit Marktkontakten. Jetzt
sagt er:»Ich bin immer hinter einem Phantom hergelaufen, nämlich
unbedingt eine Führungskraft sein zu wollen.« Diese Erkenntnis ist
bei ihm gewachsen, und er hat verstanden, daß er mit seinen tatsächlichen Begabungen der Führungskraft durchaus gleichwertig ist.

BL: *Wenn man das so hört, ist die Kündigung eigentlich ein Glücksfall.*
Man findet einen ganz neuen Teil von sich selbst.

PL: Viele sagen das auch:»Ich begreife dies als Chance, was Besseres
konnte mir gar nicht passieren«, oder»Oh, wäre mir das schon zehn
Jahre früher passiert!« Ja, das wäre tatsächlich besser gewesen.
Aber nun muß es ja nach der Zielfindung noch in die Umsetzung
gehen. Dazu üben wir zum Beispiel Vorstellungsgespräche. Einfach
damit der Klient mal sieht, wie er wirkt, wie authentisch er ist. Das
machen wir mit Video. Es gibt Feedback dazu. Wir versuchen, vorhandene Eigenschaften stärker zum Erblühen zu bringen. Die Klienten üben, mehr noch sie selbst zu sein und das zu zeigen, auch mit
Schwächen.

BL: *Sind diese Klienten, die sich derart entwickeln, nicht auch Konkur-*
renz für jüngere Kollegen?

PL: Da die Anzahl so klein ist, machen sie eigentlich niemandem angst.
Aber was die Qualität betrifft, ist die Frage berechtigt. Warum auch
nicht? Zu guter Qualifizierung kommt langjährige Erfahrung.

BL: *Also kann man ruhig von Konkurrenz sprechen.*

PL: Ja, eben erzählte mir ein Klient:»Stellen Sie sich vor, auf die Stellenanzeige sind 1500 Bewerbungen eingegangen.« 1500!! Das bedeutet für ihn, daß sein Bewerbungsschreiben extrem gut sein muß, um
herauszuragen aus den anderen 1499.

BL: *Aber da hätte ich auch Ihre Hilfe gebraucht, daß ich nicht vorher ver-*
zagt wäre.»*1500, keine Chance für mich«, und ich hätte aufgegeben.*
Aber wenn Sie mir das so nochmal sagen...

PL: Ja, das hören wir auch erst hinterher. Aber auf eine Stellenanzeige in
der Zeitung, kommen heute zwischen 300 und 500 Bewerbungen.

Und das läßt fragen, wie groß ist eigentlich meine Chance? Das erprobt er hier bei mir. Und da ist das Spannende für ihn hier: Wie mache ich es, zu denen zu gehören, die eingeladen werden zu einem Gespräch? Wie schaffe ich es, meine Persönlichkeit wirklich so rüberzubringen, daß die Entscheidung auf mich fällt? Und darüber machen wir uns hier ganz intensiv Gedanken.

BL: *Dazu gehört eine Menge Gelassenheit und Zutrauen an das persönliche Können.*

PL: Ich halte das Gewinnen von Gelassenheit gerade für frühzeitig Entlassene für wichtig. Nicht lässig, sondern gelassen.»Wissen Sie, das Vorstellungsgespräch eines vorzeitig Entlassenen ist ja mehr noch als im üblichen Sinn Vorstellungsgespräch auf beiden Seiten. Das ist sein Vorteil mit der Grundrente und einem hohen Grad an Erfahrung und Können.

BL: *Es geht also darum, ob Angebot und Nachfrage stimmen. Vielleicht eine letzte Frage: Was könnten die Firmen anders machen, damit ein Rausschmiß nicht so negativ zuschlägt?*

PL: Dazu kann ich nur sagen: Die Trennungskultur muß auf allen Ebenen noch gelernt werden. Das bedeutet auch, daß man lernen muß, faire Trennungsgespräche zu führen.

In England ist Jobhopping oder verschiedene Sachen gemacht zu haben in ganz unterschiedlichen Bereichen viel verbreiteter und anerkannter als bei uns. Das gibt für Firmen und für Entlassene eine andere Basis der Bewertung von Entlassung. Das müssen hier beide Seiten noch lernen. Hier setzt für mich eine neue Selbstverantwortung ein: mit wachen Augen durchs Berufsleben gehen. Deswegen geben wir unseren Klienten auch für ihre neue Tätigkeit mit:»Wenn Ihre Probezeit zu Ende ist, fühlen Sie sich bitte jeden Tag so, als wäre Probezeit.«

BL: *Welchen dringenden Rat geben Sie den Lesern noch mit?*

PL: Es liegt an ihnen, im Entwicklungsprozeß mitzudenken und zu wissen, was das Unternehmen von ihnen eigentlich möchte und in Zukunft braucht. Diese Neugier, diese Offenheit muß zunehmen. Sich eigenständig dem Unternehmen stellen, mit dem, was ich tue. Und offen sein für anderes, für neues.»Hoppla, könnte das für mich in Frage kommen?« Das wäre ein dringender Rat, auch an alle vorzeitig Entlassenen.

BL: *Sie haben noch gar nicht verraten, wie Sie zu dieser Tätigkeit gekommen sind?*

PL: Ich habe 25 Jahre in einer Firma gearbeitet und habe irgendwann gemerkt, daß meine Werte sich sehr stark veränderten. Das Unternehmen hat das wohl auch gemerkt, und dann haben wir uns entschieden, auseinanderzugehen. Ich habe selber eine Outplacement-Beratung mitgemacht und habe, wenn Sie so wollen, meine eigene Lehre durchgemacht. Ich wußte da noch nicht, daß ich jemals Outplacement-Berater würde.

Ich helfe wie auf einer Drehscheibe Menschen, die irgendwo rausgekippt sind, daß sie wieder in den Arbeitsprozeß reinkommen und dabei persönlich gesund bleiben und daß die Unternehmen auch Nutzen davon haben. Das drückt sich darin aus, daß die verbliebenen Mitarbeiter sehen, aha, die schmeißen nicht nur raus, sondern die kümmern sich auch darüber hinaus um die Entlassenen. Und das wirkt auf das Betriebsklima, und gibt den Verbleibenden Hoffnung, sollten sie in eine ähnliche Lage kommen.

BL: *Ich glaube, es ist deutlich geworden, daß der Weg aus einer Krise immer ein Weg ist und kein Sprung.*

Schlußbemerkung

Hier müßte eigentlich eine freie Seite sein, auf der der betroffene Leser und die Leserin ganz persönliche Perspektiven dem vorher Geschriebenen hinzufügen kann. Vielleicht wird in der Rückschau noch einmal deutlich, wie schwer es ist, eine Krise, wie die, die der ungeplante Ruhestand auslöst, auszuhalten. Schwerer noch, sie zu verstehen. Jetzt erst wird ein wenig von der Chance sichtbar, die in jeder Krise steckt. Niemand wird einem vorher eine solche Situation schmackhaft machen können, nicht einmal die, die sie bewältigt haben. Man muß selber hindurch. Doch vielleicht sind Sie – so hoffe ich – mit diesem Buch zunächst einmal mit sich selbst in neuer Weise in Kontakt gekommen. Das ist noch nicht alles, aber es ist ein Anfang.

Und hier sind zum Schluß doch noch ein paar gute Ratschläge:

Willigen Sie ruhig in eine vorübergehende Ohnmacht ein – aber nur vorübergehend.

Erlauben Sie sich ein Nicht-gelingen, ein Jetzt-noch-nicht-Gelingen.

Suchen Sie sich Begleiter und Zeugen für Ihre Lebensgestaltung.

Vertrauen Sie auf ein richtiges Gegenüber.

Vertrauen Sie auf den richtigen Zeitpunkt.

Vertrauen Sie auf die richtige Frage, das Angebot am richtigen Platz.

Aus der Bibel kennen wir das Bild des Sterns als Symbol der Orientierung. Die Heiligen Drei Könige lassen sich von ihm leiten und die Hirten. Beide eilen zu einem Ereignis, von dem sie noch nicht wissen, wo der Weg enden wird und was sie da finden werden.

Die Bibel gibt uns auch das Bild der Wolke, von der sich die 40 000 als Wegweiser ins Gelobte Land geleitet wußten.

Der weiße Vogel ist es im Märchen, der Hänsel und Gretel den Weg weist. Stern, Wolke oder Vogel: Jedesmal ist eine Krise, ein Scheitern, ein Bruch vorausgegangen, Verlust und Leid. Die Träume vom Leben wurden in die Irre gelenkt. Zumindest auf der Berufsebene konnten sie nicht zu Ende geträumt werden. So als ob man ein Buch liest, in dem die letzten zehn Seiten fehlen. Wie lange braucht es, bis wir Lust auf ein neues Buch haben?

In dieser Situation tritt die Frage nach dem Sinn im Leben noch einmal deutlich aus dem Unbewußten hervor. Deutlicher auch als in anderen Situationen läßt sie eine Antwort aus dem alltäglich-materiellen nicht mehr so ohne weiteres zu. Aber bei allem sinnvollen Tun, Arbeit als solche hat nicht die Aufgabe, dem Leben einen Sinn zu verschaffen, wie irrtümlich oft angenommen wird. Diese Aufgabe fällt allenfalls den Religionen zu. Aber Arbeit ist häufig das Medium, in welchem sich der Sinn ausdrücken kann.

Und Lebensqualität wird mehr und mehr zu einem schwer entwirrbaren Knäuel von Arbeit, Geld, Gesundheit, Beziehung, Lebensort, Klima, Bereitschaft, sich zu engagieren, und Erfolg. Alles das entzieht sich exakter Meßbarkeit.

Erzählen Sie sich die Geschichte Ihres eigenen Lebens, so finden Sie vielleicht auch Ihr eigenes übergreifendes Motiv und sprechen von Sinn und von Qualität, bis Sie aufs neue zu fragen beginnen.

Ich glaube nicht daran, daß jemand die Komplexität des Lebens so gestalten und organisieren kann, daß ununterbrochen Befriedigung dabei herauskommt. Aber Sinn und Qualität sollten im Regelfall die Unbefriedigung dominieren.

Diese neue Generation darf nicht in Ambivalenz stehenbleiben. Ohne ihren Erfahrungsschatz, ihre Gelassenheit, ihre Geduld ebenso wie ihre Ungeduld, insbesondere aber ohne ihre Fähigkeit, humanistische Werte umzusetzen, können auch die anderen Generationen nur unbefriedigend leben.

Anmerkungen

1 Jahoda, Marie:»Arbeitslose haben alles Recht der Welt, über ihre Lage unglücklich zu sein.« In: Psychologie Heute, Sonderband »Geschafft«. Beltz, Weinheim, 1. Aufl. 1985, S. 16

2 Goethe, Johann Wolfgang von: Werke, Bd. 2. Insel, Frankfurt/M. 1965, S. 48

3 Brandt, Willy: Vorwort zu Jahoda, M.: Wieviel Arbeit braucht der Mensch? Beltz, Weinheim, 3. Aufl. 1986, S. 8

4 Kohli/Wolf, gdi Impuls 4/95, S. 20 ff. Hrsg. von Gottlieb Duttweiler Institut, Rüschlikon

5 Betz, Otto; Betz, Felicitas: Texte zur Ortsbestimmung. Pfeiffer, München 1987, S. 41

6 Rest, Franco: Den Sterbenden beistehen. Quelle und Meyer, Heidelberg–Wiesbaden, 3. Aufl. 1991, S. 148

7 Brecht, Bertolt: Gesammelte Gedichte, Bd. 3. Suhrkamp, Frankfurt 1976, S. 1009

8 Jahoda, Marie zit. n. Körner, W./Zygowski, H.:»Arbeit um jeden Preis?« In: Psychologie Heute, Sonderband »Geschafft«. Beltz, Weinheim, 1. Aufl. 1985, S. 10

9 ebenda, S. 18

10 Scheurmann, Erich: Der Papalagi. Die Reden des Südseehäuptlings. dtv, München 1995, S. 65

11 Jahoda, Lazarsfeld und Zeisel, zit. n. Körner, W./Zygowsky, N.:»Arbeit...«, S. 21

12 Vgl. Kjellrup, Mariann: Bewußt mit dem Körper leben, Ehrenwirth, München 1980

13 Kast, Verena: Trauern. Phasen und Chancen des psychischen Prozesses. Kreuz, Stuttgart 1982, S. 57 ff.

14 Brocher, Tobias: Stufen des Lebens. Kreuz, Stuttgart 1977, S. 128 ff.

15 Jung, C. G.: Erinnerungen – Träume – Gedanken. Walter, Olten 1971, S. 93

16 Hebbel, Friedrich: Tagebücher 1853–1863, zit. n. Tobias Brocher: Gruppendynamik und Erwachsenenbildung. Westermann, Braunschweig 1967, S. 76

17 Wais, Mathias: Ich bin, was ich werden könnte. Edition tertium, Ostfildern 1995, S. 154

18 Jung, C. G., Erinnerungen, S. 143

19 Butollo, Willi: Die Suche nach dem verlorenem Sohn. Von der
Lebendigkeit des Totgeschwiegenen, Piper, München 1993,
S. 93

20 Jung, C. G., Erinnerungen, S. 145

21 Lievegoed, Bernhard: Biographiearbeit, Flensburger Hefte Verlag,
Flensburg, Heft 31, 1990, S. 6

22 Halbfas, Hubertus; Halbfas, Ursula, Hrsg.: Das Menschenhaus.
Benzinger, Zürich, 15. Aufl. 1995, S. 200

23 Goethe, Johann Wolfgang v.: Werke, Bd. 2. Insel, Frankfurt/M.
1965, S. 211

24 Paretti, Sandra: Das Echo deiner Stimme. Droemer Knaur, München 1980

25 Vgl. Langmaack, Barbara: Themenzentrierte Interaktion. Beltz,
Weinheim, 2. Aufl. 1994, S. 114

26 Betz, Otto, Hrsg.: Vom Schicksal, das sich wendet. Märchen von
Freiheit und Glück. Kösel, München 1987, S. 9

27 Goethe, Johann Wolfgang v.: Werke, Bd. 3. Insel, Frankfurt/M. 1965,
S. 457

28 Siebenschön, Leona: Der achte Himmel. Wie Partnerschaften gelingen. Fischer, Frankfurt 1990, S. 24, S. 47, S. 166

29 Farau, Alfred; Cohn, Ruth: Gelebte Geschichte der Psychotherapie.
Klett Cotta, Stuttgart 1984, S. 352

30 Fromm, Erich: Gesamtausgabe, Bd. VII. dtv, München 1990,
S. 169

31 Frankl, Victor: Ärztliche Seelsorge. Fischer, Frankfurt/M., 4. Aufl.
1991, zit. n. Lukas, E.: Psychotherapie in Würde, Quintessenz,
München 1994, S. 109

32 Psychologie Heute. Mai 1990

33 Csikszentmihalyi, Mihaly: Flow. Das Geheimnis des Glücks. Klett-
Cotta, Stuttgart 1992, S. 62−63

34 Kükelhaus, Hugo: Du kannst an keiner Stelle mit eins beginnen. Arche, Zürich 1981

35 Betz, Otto; Betz, Felicitas: Tastende Gebete. Pfeiffer, München,
4. Aufl. 1992, S. 37

36 Scheurmann, Erich: Der Papalagi. Die Reden des Südseehäuptlings.
dtv, München 1995, S. 68

37 Kükelhaus, Hugo: Organismus und Technik. Fischer Taschenbuch, Frankfurt 1984, S. 15

38 Vgl. Beiträge zur Japanologie, Bd. 19, Organisationsformen älterer Menschen in Japan. Wien 1983

Literaturverzeichnis

Antons, Klaus: Praxis der Gruppendynamik. Hogrefe, Göttingen, 2. Auflage 1974.

Berger, Gerhard; Gerngroß, Gabriele: Die neugewonnene Freiheit. Vier Modelle für erfolgreiches Altern. Kreuz, Zürich 1994.

Betz, Otto; Betz, Felicitas: Tastende Gebete. Texte zur Ortsbestimmung. Pfeiffer, München, 4. Auflage 1982.

Betz, Otto (Hrsg.): Vom Schicksal, das sich wendet. Märchen von Freiheit und Glück. Kösel, München 1987.

Burkhard, Gudrun: Das Leben in die Hände nehmen. Arbeit an der eigenen Biographie. Verlag freies Geistesleben, Stuttgart, 5. Auflage 1995.

Burkhard, Gudrun: Schlüsselfragen zur Biographie. Ein Arbeitsbuch. Verlag freies Geistesleben, Stuttgart 1994.

Büchmann, Georg: Geflügelte Worte. Verlag der Haude und Spenerschen Buchhandlung, Max Paschke, Berlin 1925.

Butollo, Willi: Die Suche nach dem verlorenen Sohn. Von der Lebendigkeit des Totgeschwiegenen. Piper, München 1993.

Csikszentmihalyi, Mihaly: Flow. Das Geheimnis des Glücks. Klett-Cotta, Stuttgart 1992.

Engholm, Björn: Die Zukunft der Freizeit. In: Psychologie Heute. Beltz, Weinheim, überarbeitete Auflage 1989.

Ernst, Heiko; Nuber, Ursula: Der Langeweile entkommen. Warum wir uns langweilen. In: Psychologie Heute, Beltz, Weinheim, Mai 1990.

Frankl, E. Victor: Zeiten der Entscheidung. Herder, Freiburg i. Br. 1996.

Frankl, E. Victor: Das Leiden am sinnlosen Leben. Herder/Spektrum Band 615, Freiburg i. Br. 1977.

Freud, Anna: Das Ich und die Abwehrmechanismen. Kindler Taschenbücher, München 1975.

Flensburger Hefte, Anthroposophie im Gespräch, Heft 31, 1990.

Goethe, Johann Wolfgang v.: Werke, Bd. 2 und 3. Insel, Frankfurt/M. 1965.

Jahoda, Marie: Wieviel Arbeit braucht der Mensch? Beltz, Weinheim, 3. Auflage 1986.

Jahoda, Marie: »Arbeitslose haben alles Recht der Welt, über ihre Lage unglücklich zu sein«. In: Psychologie Heute, Sonderband »Geschafft«, Beltz, Weinheim, 1. Auflage 1985.

Jung, C. G.: Grundwerk, Bd. I. Walter, Olten 1984.

Kast, Verena: Sich wandeln und sich neu entdecken. Herder, Freiburg i. Br. 1996.

Kast, Verena: Der schöpferische Sprung. Vom therapeutischen Umgang mit Krisen. Walter, Freiburg, 1. Auflage 1987.

Kast, Verena: Trauern. Phasen und Chancen das psychischen Prozesses. Kreuz, Stuttgart 1982.

Kjellrup, Mariann: Bewußt mit dem Körper leben. Ehrenwirth, München 1980.

Kükelhaus, Hugo: Du kannst an keiner Stelle mit eins beginnen. Arche, Zürich 1981.

Langmaack, Barbara: Themenzentrierte Interaktion. Beltz, Weinheim, 2. Auflage 1994.

Lukas, Elisabeth: Psychotherapie in Würde. Sinnorientierte Lebenshilfe nach Victor E. Frankl. Quintessenz, München 1994.

Mohl, Hans: Die Altersexplosion. Kreuz, Stuttgart 1993.

Morgenroth, Hannelore: Den roten Faden finden. Kösel, München 1995.

Peseschkian, Nossrat: Auf der Suche nach Sinn. Psychotherapie der kleinen Schritte. Fischer Taschenbuch Verlag, Frankfurt 1993.

Platon: Der Staat. Reclam, Stuttgart 1985.

Rest, Franco: Den Sterbenden beistehen. Quelle und Meyer, Heidelberg-Wiesbaden, 3. Auflage 1991.

Rothschild, Berthold: Seelische Notsituationen. Verstehen und helfen. Beltz, Weinheim, 2. Auflage 1982.

Ruh, Hans: Anders, aber besser. Die Arbeit neu erfinden – für eine solidarische und überlebensfähige Welt. Verlag im Waldgut, CH-Frauenfeld, 1995.

Scheurmann, Erich: Der Papalagi. Die Reden des Südseehäuptlings. dtv, München, 5. Aufl. 1995.

Schüller, Heidi: Die Alterslüge. Rowohlt, Berlin 1995.

Schmale, Hugo: Psychologie der Arbeit. Konzepte der Humanwissenschaften. Klett-Cotta, Stuttgart 1995.

Schmidbauer, Wolfgang: Das Geheimnis der Zauberflöte. Herder, Freiburg i. Br. 1995.

Siebenschön, Leona: Der achte Himmel. Wie Partnerschaften gelingen. Fischer Taschenbuch Verlag, Frankfurt/M. 1990.

Wagner, Waltraut: Zeit – das Fortschreitende oder die Ordnung. Mutter Erde Verlag, Frauenberg Mai 1980.

Wais, Mathias: Ich bin, was ich werden könnte. Entwicklungschancen des Lebenslaufs. edition tertium, Ostfildern 1995.

Walter, Rudolf (Hrsg.): Gelassenwerden. Herder Spectrum Bd. 4443, Freiburg, 2. Aufl. 1996.

Zweig, Stefan: Magellan. Fischer Taschenbuch Verlag, Frankfurt/M. 1983.

Gedanken zum Ausscheiden mit 55

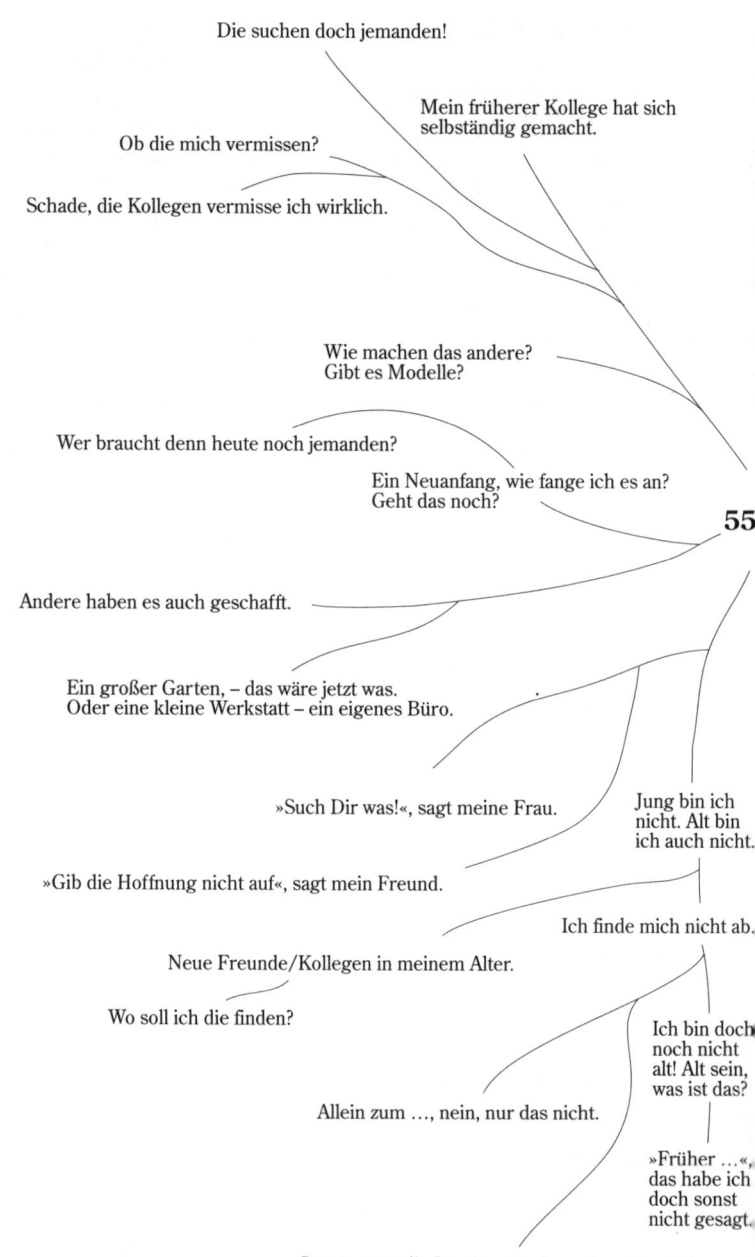

Die suchen doch jemanden!

Ob die mich vermissen?

Mein früherer Kollege hat sich
selbständig gemacht.

Schade, die Kollegen vermisse ich wirklich.

Wie machen das andere?
Gibt es Modelle?

Wer braucht denn heute noch jemanden?

Ein Neuanfang, wie fange ich es an?
Geht das noch?

55

Andere haben es auch geschafft.

Ein großer Garten, – das wäre jetzt was.
Oder eine kleine Werkstatt – ein eigenes Büro.

»Such Dir was!«, sagt meine Frau.

Jung bin ich
nicht. Alt bin
ich auch nicht.

»Gib die Hoffnung nicht auf«, sagt mein Freund.

Ich finde mich nicht ab.

Neue Freunde/Kollegen in meinem Alter.

Wo soll ich die finden?

Ich bin doch
noch nicht
alt! Alt sein,
was ist das?

Allein zum …, nein, nur das nicht.

»Früher …«,
das habe ich
doch sonst
nicht gesagt.

Gestern war die Joggingstrecke zu lang für mich.
Zufall oder Wetter?
Oder doch das Alter?

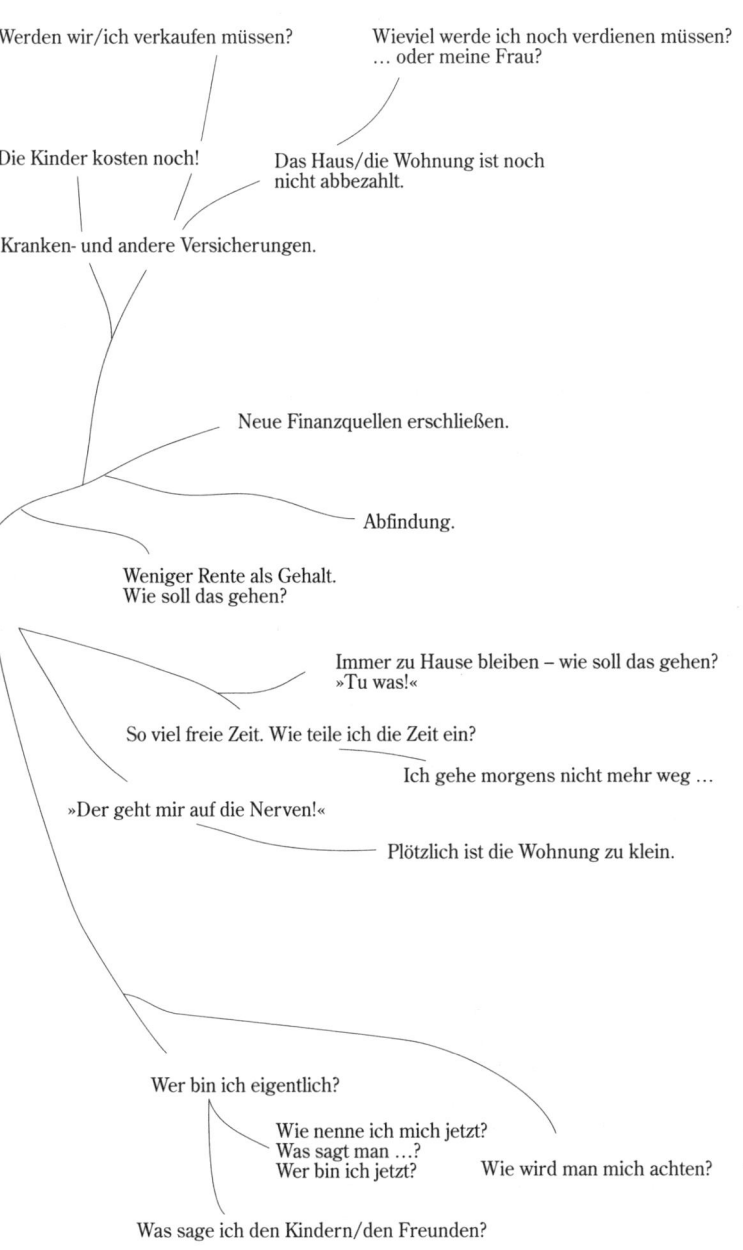

Werden wir/ich verkaufen müssen?

Wieviel werde ich noch verdienen müssen?
… oder meine Frau?

Die Kinder kosten noch!

Das Haus/die Wohnung ist noch
nicht abbezahlt.

Kranken- und andere Versicherungen.

Neue Finanzquellen erschließen.

Abfindung.

Weniger Rente als Gehalt.
Wie soll das gehen?

Immer zu Hause bleiben – wie soll das gehen?
»Tu was!«

So viel freie Zeit. Wie teile ich die Zeit ein?

Ich gehe morgens nicht mehr weg …

»Der geht mir auf die Nerven!«

Plötzlich ist die Wohnung zu klein.

Wer bin ich eigentlich?

Wie nenne ich mich jetzt?
Was sagt man …?
Wer bin ich jetzt?

Wie wird man mich achten?

Was sage ich den Kindern/den Freunden?

Konzepte der Humanwissenschaften

Bücher bei Klett-Cotta für Sozial- und Erziehungsberufe.
Eine Auswahl.

Mihaly Csikszentmihaly:
Das flow-Erlebnis
Jenseits von Angst und Langeweile: im Tun aufgehen
Aus dem Amerikanischen von Urs Aeschbacher.
6. Auflage 1996.
254 Seiten, broschiert, ISBN 3-608-95338-8
»Unter `flow´ versteht der Autor Freude am reinen Tun. Er
untersucht, was Menschen dazu bewegt, geistig und körperlich
strapaziöse Unternehmungen bis zum Exzeß zu betreiben, ohne
daß äußere Anreize als Belohnung winken. Diesen Lustgewinn,
der in der Tätigkeit selbst, in der Art des Vollzugs begründet ist,
möchte er mittels einer Flow-Politik für alle Bereiche des Alltags
nutzbar machen.« *ekz-Informationsdienst*

Mihaly und Isabella S. Csikszentmihalyi:
Die außergewöhnliche Erfahrung im Alltag
Die Psychologie des Flow-Erlebnisses
Aus dem Amerikanischen von Ulrike Stopfel und
Urs Aeschbacher.
2., in der Ausstattung veränderte Auflage 1995.
427 Seiten, broschiert, ISBN 3-608-91751-9
Die Untersuchungen dieses Bandes vertiefen die von
Csikszentmihalyi erarbeiteten Konzepte des Flow: Augenblicke,
in denen Menschen Gefühle der Freude, der Konzentration und
intensiver Aktivierung erfahren.

Hugo Schmale:
Psychologie der Arbeit
2., überarbeitete Auflage 1995.
268 Seiten, broschiert, ISBN 3-608-93033-7
»Warum arbeiten Menschen?« Auf diese Frage gibt es viele
Antworten. Alle Erklärungen stimmen darin überein, daß die
Arbeit auf die Person des Arbeitenden zurückwirkt. Deshalb muß
eine »Psychologie der Arbeit«, die vom Menschen ausgeht, nicht
nur die ökonomisch-technologischen Aspekte des
Arbeitsbegriffs, sondern auch die physiologischen und psychologischen Konsequenzen der Arbeit in den gegenwärtigen Formen
der Arbeitsgestaltung definieren.